KB151321

부의 역설

부의 역설

생각은 내가 하고 행동은 뇌가 한다

THE WEALTH
PARADOX

국일미디어

오늘도 힘들게
자기계발을 하는 당신에게

나는 원래 잘 나가는 자기계발 강사였다. '하고 싶은 일을 하라!', '긍정적으로 살면 누구나 성공할 수 있다!'와 같은 메시지의 강의를 하고 다녔다.

그렇게 10년 이상 전국을 누비다보니 나름대로 꽤 유명해져 한 시간 강의에 200만 원을 받는 억대연봉 강사의 반열에 오르기도 했다.

나는 스스로의 삶에 만족하고 있었다. 그러나 쌓은 것이 무너지는 것은 정말 한 순간이었다. 코로나로 인해 강사 일을 할 수 없게 된 것이다. 수입이 막혀 어영부영하는 사이에 빚까지 지게 됐다. 나는 불어나는 빚을 막기 위해 대리운전과 배달 일을 해야만 했다.

나는 자기계발 강사로서 '성공하는 방법쯤은 이미 마스터 했지'라고 자부하고 있었다. 그런데 결국 보기 좋게 망해버렸다. 그러고 나서야 깨달았다. 수많은 자기계발 방법이 성공과 전혀 관련 없는 행동을 요구한다는 사실을, 열심히 사는 것과 성공은 별다른 연관이 없다는 사실을 말이다. 하기 싫은 일을 억지로 참아가며 하는 것도, 책을 많이 읽는 것도, 긍정적 사고를 유지하는 것도 소용이 없었다. 새벽에 일찍 일어난다고 성공을 하는 것도 아니었다.

그동안 내가 했던 모든 강의는 틀렸다.
무너진 나의 삶이 그 증거다.
무너진 삶을 꾸역꾸역 살아내며, 나는 하나의 문제에 천착했다. '도대체 성공하는 사람과 그렇지 못한 사람의 차이가 무엇일까?'
나는 미친 사람처럼 이 문제에 대한 답을 찾으려 동분서주했다. 온갖 인물의 성공 사례를 뒤져보고 뇌과학을 탐구했다. 그 과정에서 마련한 가설들을 나 자신에게 실험해보기도 했다. 그러고 나서야 성공하는 사람과 그렇지 못한 사람의 차이를 알게 되었다.
그건 학벌도 노력도 운도 아니었다. 그건 바로 '뇌를 바꾸는 것'이었다.

성공을 만들어내는 부자의 뇌

나는 나의 뇌를 바꾸기로 했다. 성공을 거둘 수 있는 뇌가 필요했다. 아무리 열심히 살아도 가난에서 벗어나지 못하는 뇌는 버려야 했다. 그러기 위해 내가 한 일은 '돈을 벌었다'라고 외치는 것이었다.

나는 선포했다. '올해 10억 원, 다음해 100억 원, 그 다음해 1,000억 원을 벌겠어!' 나는 아무 일도 안 하고 집밖으로 나가지도 않고 매일 이 말만 반복했다. 제정신이 아닌 사람처럼 아무데서나 반복해서 말하고 노트에 적었다. '십억……, 백억……, 천억을 벌었다.' 입이 마르고 손이 아팠다. 그러다 그냥 내용을 줄여서 '1,110억 원을 벌었다'라고 말하기도 했다. 나는 멈추지 않았다. 이것만이 내 뇌를 바꿀 수 있는 유일한 길이었기 때문이다.

그렇게 두 달 하고 일주일이 지났을 무렵, 믿을 수 없는 일이 벌어지기 시작했다. 내 머릿속에서 돈을 벌 수 있는 아이디어가 쏟아져나오기 시작한 것이다. 나는 곧바로 아이디어를 정리해 실행으로 옮겼다.

석 달째가 되자 그 아이디어들로 인해 돈이 벌리기 시작했다. 마치 나의 뇌가 스스로 돈을 버는 것 같았다. 생각을 시작한 지 열 달째가 된 지금, 나는 8억 7,000만 원에 달하는 매출을 내는 기업을 갖게 되었다. 당신은 과연 이것이 우연이라고 생각하는가?

많은 이들이 고난과 역경을 이겨내면 자연스럽게 성공에 다다를 것이라 믿는다. '힘들게 살아야 성공한다'라는 기본전제를 가지고 살아간다. 다들 그렇게 배웠으니까. 그러나 이러한 믿음은 뇌과학적으로 틀렸다. 힘들게 살면 절대 성공하지 못한다.

성공은 기회를 잡는 것이다. 당신이 좋아하는 스타가 당신의 바로 앞 테이블에서 식사를 하는데, 당신은 그가 나오는 영상을 시청하느라 그가 앞에 있는지도 모른다면? 성공의 기회는 이와 같다. 성공하려면 성공 자체에만 집중해야지, 성공하기 위한 방법이나 조건 같은 것들에 몰두하고 있으면 안 된다.

성공하기 위해선 기회를 잡을 수 있는 뇌, 즉 '부자의 뇌'를 지녀야 한다. 부자의 뇌는 성공한 자신의 이미지에 강력하게 몰입되어있는 뇌다. 내가 '나는 1,000억 원을 벌었다'라고 반복해서 말한 것 또한 부자가 된 자신의 이미지를 나의 머릿속에 심기 위해서였다.

뇌를 변화시키는 생각의 힘

역설적이게도 큰돈을 버는 사람이 작은 돈을 버는 사람보다 훨씬 쉽고, 편하게 돈을 번다. 왜 그럴까? 작은 돈을 버는 이들은 몸_{행동}으로 돈을 벌고, 큰돈을 버는 이들은 머리_{생각}로 돈을 벌기 때문에 그렇다.

여기서 꼭 짚고 넘어가야 할 것은 머리_{생각}로 돈을 번다하여 그들이 '타고난 천재' 같은 건 아니라는 점이다. 그들은 오히려 사회 부적응자에 가까운 '공상가'들이다. 동시에 그들은 본능적으로 '생각의 힘'을 활용할 줄 아는 사람들이다. 생각의 힘으로 자신의 뇌를 성공에 걸맞은 부자의 뇌로 세팅하여 성과를 얻는 것이다.

생각은 뇌를 변화시키는 힘을 지니고 있다. 우리가 원하는 것을 반복해서 생각할 때 뇌는 그것을 이룰 수 있도록 변화한다. 이 책의 중심부로 가는 과정에서 생각이 뇌를 바꾸는 원리를 상세히 살펴볼 것이다.

이 책을 읽는 동시에 당신의 뇌에도 변화가 일어난다. 당신은 뇌를 새롭게 프로그래밍하게 될 것이다. 그리하여 당신의 삶은 이 책을 읽기 전과 후로 완전히 달라질 것이다.

나는 이 책을 통해 자기계발 시장이라는 거대한 호수에 돌을 던지려한다. 아침에 일찍 일어나기, 매일 책 읽기, 일기 쓰기, 맡은 일에 몰입하기, 긍정적으로 생각하기, 사람들에게 친절하게 대하기, 자기관리하기 등 하기 싫은 일을 억지로 하지 마라. 힘들게 살면 뇌는 힘들게 살 환경만 보여준다.

자기계발은 반드시 뇌를 망가뜨린다. 노력할 때 떠오르는 고난과 고통의 이미지가 당신의 뇌를 중독시키기 때문이다. 오랜 기간 자기계발을 실천했지만 더더욱 망가진 생활을 하고 있는 당신의 삶이 그것을 증명한다. 성공하고 싶어 남들보다 열심히 일했지만, 남들보다 뒤처져있는 당신의 삶이 그것을 증명한다. 성공하기 위해 노력하면 노력할수록 점점 더 성공에서 멀어지는 이른바 '부의 역설'이다.

이 책을 통해 당신이 부자의 뇌를 만들어, 돈 버는 재미를 누리며 살아가게 되기를 바란다. 앞으로 나올 이야기들을 통해 더 정확히 알게 되겠지만 당신은 이미 성공하기 위해 필요한 모든 능력을 가지고 있다. 상상할 수 있다면 이룰 수 있다.

강범구

차례

C O N T E N T S

2장 우리의 행동을 지배하는 뇌

3장 성공을 방해하는 함정들

4장 성공하는 사람의 사고방식

5장 인생이 바뀌는 원리

1부

성공의 열쇠 부자의 뇌

거북목, 일자목은 잘못된 자세 때문에 생기는데, 이것이 오래 지속되면 엄청난 통증을 유발하고 목디스크까지 진행된다. 통증이 심해지면 그제야 사람들은 열심히 병원에 다니고 수술을 해서 목디스크를 치료한다. 그러나 잘못된 자세를 바꾸지 않으면 다시 원래대로 돌아간다.

우리의 뇌도 마찬가지다. 가난하게 세팅된 뇌의 자세를 교정하지 않으면 잠깐의 성공을 거두더라도 삶은 쳇바퀴 돌 듯 원래의 자리로 돌아온다. 제아무리 대단한 의지력을 가진 사람이라고 해도, 의식적·무의식적 생각이 가난으로 프로그래밍되어있는 뇌를 지니고 있다면 궁상맞은 삶을 살아갈 수밖에 없다.

특별한 운이 따라서 일이 잘 풀린다고 해도 그때뿐이다. 통장을 보면 알 수 있다. 분명 좋았던 때도 있었는데, 무엇인가 많이 한 것 같은데 빚은 늘어만 가고 건강까지 안 좋아져있다. 이 모든 게 기본적인 뇌의 자세를 바꾸지 않은 채 나의 의지로 성공하려했기 때문이다.

1장

노력이 부족해 실패했다는 착각

열심히 사는데
왜 삶은 그대로일까?

당신은 지금보다 더 나은 삶을 살고 싶어서 이 책을 들었을 것이다. 그러나 당신은 이미 성공하는 방법을 알고 있다. 그렇지 않은가? 부지런히 살고, 성실하게 노력하면 성공한다. 새벽에 일어나 좋은 책을 읽고, 남들보다 열심히 살면 성공한다. 다이어트에 성공하는 방법도 당신은 이미 알고 있다. 너무 간단하다. 덜 먹고, 늦은 시간에는 금식하고, 꾸준하게 운동하면 된다.

문제는 당신을 포함한 거의 모든 사람들이 이 간단한 방법을 실천하지 못하는 데 있다. 성공도 건강도 방법은 알지만 실천이 유지되지 않는다. 어느 정도 수준의 성취를 이뤄도 곧 무너져버리기 일쑤다. 그때마다 당신은 자신의 의지가 부족해서 그랬다며 스스로를 책망한다.

그런데 혹시 이에 대한 근본적인 의문을 가져본 적 있는가? 당신의 삶이 그대로인 이유가 정말 의지가 부족해서일까? 결론부터 말하겠다. 열심히 살았지만 당신의 삶이 그대로인 이유는 당신이 '뇌를 사용하는 방법'을 몰랐기 때문이다. 뇌를 이해하지 못하면 그 어떠한 노력으로도 삶은 변하지 않을 것이다. 지금까지 당신의 삶이 그래왔던 것처럼.

노력할수록 망가지는 뇌의 속성

사람들은 성공하기 위해 다음과 같은 생각들을 한다.

- 나는 열심히 일해야 한다.
- 나는 더 배워야 한다.
- 나는 착하고 겸손하게 살아야 한다.
- 나는 양보하고 배려해야 한다.

그런데 이런 생각이 오히려 당신의 뇌를 망쳐버린다는 사실을 알고 있는가? '무엇인가를 해야 성공한다'라는 생각의 기반에는 '현재 나는 성공하지 못했다'라는 전제가 깔려있기 때문이다.

- 나는 (돈이 없으니) 열심히 일해야 한다.

- 나는 (아는 게 없으니) 더 배워야 한다.
- 나는 (미움 받으면 안 되기에) 착하고 겸손하게 살아야 한다.
- 나는 (도움이 필요하기에) 양보하고 배려해야 한다.

앞서 살펴본 생각들에서 일부 내용이 추가되었다. 추가된 내용에는 각각의 노력을 해야만 하는 이유가 적혀있는데, '현재 나는 성공하지 못했다'라는 사실을 전제로 한다.

내가 이러한 생각들을 할 때마다, 뇌는 오히려 괄호 안의 내용에만 집중하게 된다. 성공을 위해 노력할수록 나의 무의식 깊숙한 곳에는 성공하지 못한 현실이 자리 잡게 되는 것이다.

뇌는 당신이 한 노력의 목적에는 관심이 없다. 뇌는 그저 당신이 생각하고 있는 내용에 길들여질 뿐이다. 그리고 뇌는 자신이 길들여진 대로 당신의 삶을 이끌어간다.

지금까지 당신의 모습은 아래와 같았다.

- 책을 많이 읽으면 성공한다고 들었다. ➡ 힘들어도 시간을 내어 책을 읽으려 한다. ➡ '책을 읽는 게 괴로운 뇌'를 만든다.
- 목표를 100일 동안 100번씩 쓰면 이루어진다고 들었다. ➡ 어떻게 해서든 매일 목표를 100번 쓰려한다. ➡ '적는 게 싫은 뇌'를 만든다.
- 새벽형 인간이 되어야 성공한다고 들었다. ➡ 피곤하고

지쳐도 일찍 일어나려 애를 쓴다. ➡ '아침이 괴로운 뇌'
를 만든다.

당신의 목표와 상관없이 당신이 만들어낸 '뇌의 모습'을 보
면 초라하기 그지없다. 이런 식으로 길들여진 뇌는 길들여진
대로 작동할 뿐이다.

'책을 읽는 게 괴로운 뇌'는 책을 읽을 때 억지스러운 감정
만 낼뿐 성공을 하는 데 도움이 되지 않는다. '적는 게 싫은
뇌'는 매일 100번을 적는 데만 익숙해져있을 뿐 목표를 이루
는 데에 아무런 역할도 하지 못한다. '아침이 괴로운 뇌'는 그
저 아침이 괴로울 뿐이다.

책 읽기, 100번 반복해서 쓰기, 새벽형 인간 되기 같은 노
력은 중요하지 않다. 오히려 당신의 뇌를 망가뜨려 삶과 목표
를 망칠 뿐이다. 성공하고 싶다면 '성공하도록 길들여진 뇌'를
만들어야 한다.

기본전제가 뇌를 바꾼다

뇌는 당신의 무의식에 깔린 '기본전제'대로 변화한다. 기본전
제란 우리의 의지와는 상관없이 우리가 어떠한 행동과 생각
을 할 때 뇌가 집중하고 곱씹는 포인트를 말한다. 앞서 살펴

본 예시에서 괄호 안의 내용들을 떠올리면 좋을 것이다.

만약 당신이 '돈 버는 것은 어려운 거야'를 기본전제로 둔 행동을 반복한다면 당신은 '돈을 힘들게 벌 수밖에 없는 뇌'를 갖게 된다. 그런 사람에게 돈을 쉽게 버는 방법은 보이지 않는다. 만약 당신이 '지금은 힘들지만 나중에는 다 잘될 거야'라고 생각한다면 당신은 '지금 힘든 것은 당연하다고 여기는 뇌'를 갖게 된다. 이처럼 뇌는 무의식에 깔린 기본전제대로 변화한다.

만약 당신이 '최선을 다해야 성공한다'라는 기본전제를 갖고 있다면, 계속해서 최선을 다해야만 하는 상황이 당신을 찾아올 것이다. 실제 상황은 그렇지 않더라도 당신의 뇌는 그 상황을 최선을 다해야 하는 상황으로 인식하기 때문이다.

노력과 행동만으로는 뇌가 결코 바뀌지 않는다. 노력과 행동의 의미는 뇌의 외부에 존재하기 때문이다.

실례로 '환상통'이라는 것이 있다. 사고나 병으로 신체의 일부를 잃은 환자가, 있지도 않은 신체 부위에서 통증을 느끼거나 감각을 경험하는 것이다. 이처럼 뇌는 신체 일부가 사라진 것조차 인식하지 못할 정도로 외부세계에 관심이 없다.

이는 몸이 부서져라 열심히 사는 것만으로는 뇌를 바꿀 수 없다는 증거이기도 하다.

그동안 당신이 원하는 만큼 부자가 되지 못한 것은 의지가 약해서도 아니고 노력이 부족해서도 아니다. 단지 뇌의 속성을 모르고 있었기 때문이다. 노력으로 성공을 이룬다는 말은 100% 틀렸다. 뇌는 오직 생각으로만 바꿀 수 있으며 성공은 변화된 뇌가 만들어내는 것이다. 뇌과학의 관점에서 이것은 진리다.

성공을 위한 유일한 해법, 상상

어릴 적부터 찢어지게 가난했다. 반지하 집에는 물이 차고, 그 집에서도 살 형편이 되지 않아 쫓겨났다. 게다가 IMF 사태로 아버지는 2년 간 밀렸던 임금을 하나도 받지 못했으며 건강까지 악화되었다. 최악의 유년시절을 보낸 한 여학생의 이야기다.

하루는 그 여학생이 수업 도중 벌떡 일어나 교실 밖으로 나가려했다. 그러자 선생님이 물었다.

"너 어디 가니?"

"자살하러요."

그녀는 옥상으로 향했지만, 결국 고소공포증 때문에 뛰어내리지 못해 살았다고 한다. 그녀는 집안이 가난하고 힘들어

자살 생각을 하긴 했지만 불량해지거나 탈선하지는 않았다. 그렇다고 악착같이 일을 해서 한 푼이라도 더 벌어야 한다고 생각하지도 않았다.

그녀는 그저 초등학교 시절부터 '자신은 세계적으로 성공할 것'이라는 생각을 했다. 본인의 싸인을 만들어 서명하는 상상을 했고 스스로를 회사라고 생각해 그 가치를 1조 원이라 적어놓기도 했다. 이처럼 그녀는 자신의 미래를 상상하며 일기를 썼다.

"나는 한국에서 가장 좋은 대학을 나오고, 와인바를 갖춘 한강이 보이는 펜트하우스에서 살며, 월화수목 금토일 다른 색의 오픈카를 타고 다닐 것이다."

그녀는 이런 내용을 '미래 일기'에 적었다고 한다.

그렇게 상상의 나래를 펼치던 그녀는 서울대에 들어가기 위해 악착같이 공부한다. 필통에 포크를 넣고 다니며 졸릴 때마다 허벅지를 찔러가며 공부했고, 커피가루를 숟가락으로 퍼먹다가 위천공으로 병원 신세를 지기도 했다. 그리고 마침내 서울대에 장학생으로 입학을 한다.

남들은 그녀가 독하다고 말한다. 그녀 스스로도 자신이 지독하게 공부했다고 평한다. 그렇다면 그런 독한 성격이 그녀가 서울대에 입학하도록 만들어준 것일까? 우리가 주목해야 할 부분은 그녀의 지독한 노력보다, 자신은 반드시 서울대에 들어갈 것이라 확신하고 그 이후의 삶을 생생하게 상상하는 모습이다.

"시험을 보는 것이 설렜다"라는 추가적인 그녀의 발언은, 그녀의 성공의 원천이 노력이 아닌 다른 데 있었다는 생각에 확신을 심어준다. 시험을 보는 것이 왜 설렜을까? 그녀는 무의식중에 이미 성공적으로 시험을 본 자신의 모습을 상상했던 것이다. 이러한 상상은 그녀의 뇌를 '성공적으로 시험을 보는 뇌'로 만들어주었다.

그럼에도 불구하고 그녀가 서울대에 입학할 수 있었던 이유는 결국 '피나는 노력'이 있었기 때문이라는 평가를 내려놓지 못하는 독자가 있을 수 있다. 수험 공부의 특성상 성과를 거두기 위해서는 일정한 공부량이 필요한 것이 사실이다.

그러나 겉으로 보기에 지독해보이는 그녀의 공부가 하기 싫은 걸 억지로 하는 노력은 아니었다는 점을 간과해서는 안 된다. 그녀는 공부하는 내내 단 한 순간도 자신의 뇌를 거스른 적이 없다. 그녀의 뇌는 오히려 그녀에게 잠을 줄이며 공부하라고 끊임없이 추동했고 그녀는 신나서 공부를 할 수 있었다. 이처럼 뇌를 변화시키면 뇌가 나를 성공으로 이끄는 경험을 하게 된다.

이후 그녀에게 일어난 일들을 보면 더욱 이해가 될 것이다. 서울대를 졸업한 그녀는 대학원 학비를 벌기 위해 사교육 강사 일을 시작하면서, 마치 우연과도 같은 기적들을 경험하게 된다.

- 첫 번째 기적 : 맨 처음 그녀는 초등학생 2명에게 논술 과외를 할 기회를 얻었다. 그런데 그녀가 처음 만난 아이들은 말이 너무 없었다. 마음에 상처가 있어 실어증 증상이 있었던 것. 그런데 그녀의 수업을 들으며 아이들이 밝아졌고 한 명은 학급의 반장이 되기도 했다. 반장이 된 그 아이는 학원 원장의 딸이었는데 이런 인연으로 그녀는 초등 논술반에서 서울대 논술반 강사로 수직 승진을 하게 된다.

- 두 번째 기적 : 수험생에게 논술을 가르치게 된 그녀는 학생들에게 자신이 아는 한 가지 이야기를 했다. 그런데 그 이야기가 서울대 논술 시험에 나오는 바람에 그 학원은 대치동에서 자리가 잡히고 그녀는 '서울대 적중강사'로 인지도가 급상승한다.

- 세 번째 기적 : 그녀의 대학시절 전공은 윤리교육과였다. 그런데 그녀의 인지도가 막 상승하던 시절에, 대치동에서 '윤리 Top2'라 불리던 강사 두 명이 사업에 전념한다며 은퇴한다. 그 덕분에 그녀는 대치동에서 유일한

윤리과목 스타강사가 되었다.

- 네 번째 기적 : 그 후 채 1년도 되지 않은 시점에서 EBS가 최초로 사교육 강사들을 모집한다. 그녀는 고등학교 2학년 윤리 강좌를 맡았는데, 3학년 윤리 강좌가 22강으로 꾸려졌던 반면 그녀는 40강으로 2학년 윤리 강좌를 꾸렸다. 때문에 학생들 사이에서 3학년 윤리보다 2학년 윤리가 더욱 풍성하고 상세하게 꾸려졌다는 소문이 돌아, 3학년들이 2학년 강의를 시청하기 시작한다. 그로 인해 다시 한번 그녀의 이름이 알려지게 되었다.

- 다섯 번째 기적 : 그녀의 인지도가 알려진 뒤, 수능시험 사회탐구영역이 개편되면서 '윤리'가 '생활과 윤리'와 '윤리와 사상' 두 과목으로 분리되었다. 이후 '생활과 윤리'가 사회탐구영역 선택과목 중 최고 인기과목이 되어 2014부터 그녀는 100억 연봉 강사가 되었다.

이후 2023년까지 매해 100억 이상의 수익을 번 그녀의 이름은 대한민국 일타강사 '이지영'이다. 현재 1조 원 이상의 비즈니스적 가치를 지녔다고 평가되는 그녀는 그녀가 상상했던 대부분의 것들을 이루며 살아가고 있다.

그녀의 성공의 원천에는 위와 같은 연속된 기적들이 존재하고 있었다. 만약 그녀의 성공이 단순히 노력의 결과나 운

덕분이라고만 생각한다면 당신은 아직 무한한 뇌의 능력을 전혀 사용할 줄 모르는 상태다. 우연은 없다. 행운도 없다. 행운의 연속처럼 보이는 기적들은 모두 '뇌가 하는 일'이다.

당신의 뇌로 하여금 '원하는 생각'을 하도록 훈련시킬 수 있다면 당신이 원하는 모든 것을 현실로 만드는 것이 가능하다. '마치 초등학생이 된 것처럼, 순진하게 자신을 믿으며, 원하는 생각으로 가득 찬 인생을 살기 시작한다면 이루지 못할 목표는 없다'라는 이지영 강사의 말을 기억하자.

대부분의 사람들은 뇌를 쓰는 법을 모른다

우리는 의지로 자기 자신과 싸울 것이 아니라 뇌가 일하게 만드는 방법을 배워야 한다. 그 방법은 바로 생각이다. 돈을 벌고 싶으면 돈을 벌 생각을 해야 하고, 몸짱이 되고 싶으면 몸짱이 될 생각을 해야 한다.

그러나 대부분의 사람들은 노력하느라 생각할 시간이 없다. 왜 그럴까? 안타깝게도 뇌를 쓰는 법을 못 배웠기 때문에, 생각은 별로 중요하지 않다고 알고 있기 때문에 그렇다.

뇌를 쓰지 못하는 것과 뇌를 쓰는 것의 차이는 뭘까? 지금 내 머릿속에 어떤 생각이 있는지를 따져보면 된다. 일하는 시간은 짧아도 먹고 놀고 잘 때에 원하는 생각을 하고 있으면 뇌를 쓰는 것이고, 일하는 시간이 길어도 원하는 생각을 하지 않고 있으면 뇌를 쓰지 못하는 것이다.

한 분야에서 성공한 사람들을 보자. 그들은 원하는 생각을 하는 데에 미쳐있다. 그 생각만 하며 살고 그들이 겪는 모든 것을 원하는 생각에 비추어본다. 그들도 SNS를 하고 취미를 즐기며 파티에 나갈 수 있다. 그러나 그러한 활동 또한 원하는 생각의 연장선에서 이뤄진다. 이러니 그들의 뇌는 원하는 것을 이룰 방법을 찾아내는 것이다.

뇌를 쓰지 못하는 사람들은 몸은 힘들게 굴리고 있으면서도 하루 중 대부분의 시간 동안 먹고 놀고 잘 생각을 하고 있다. 혹은 어떻게 해야 더 열심히 일할지, 이러다 내 삶이 더 힘들어지지 않을지에 대한 고민을 하고 있다. 그러니 그들의 뇌는 성공할 방법을 찾아내지 못한다.

예를 들어 장사를 못하는 사람은 늘 장사가 안되는 이유만 생각한다. 이 동네 고객 수준이 떨어져서, 경기가 안 좋아서, 다른 가게가 생겨서 등의 생각을 한다. 틀린 생각은 아니지만 도움이 되는 생각도 아니다. 반면에 장사를 잘하는 사람은 손님이 오게 할 생각 그리고 물건을 팔 생각만 한다. 다 같이 힘들어도 결국 생각으로 답을 찾아내는 사람들은 돈을 번다.

성공하기 가장 쉬운 방법은 뇌를 쓰는 것이다. 뇌를 쓰는 방법은 원하는 생각을 계속해서, 뇌에 그 이미지를 심는 것이다. 너무 간단하지 않은가? 매일 1시간씩 '나는 1,000억 원을 벌었다'라는 생각에 집중하라. 시간이 날 때마다 그 생각을 반복하라. 그러면 뇌는 돈 버는 것을 가장 중요하게 생각해 돈 벌 방법을 찾아내게 된다.

돈은 벌고 싶은데 노력은 하기 싫어서, 몸짱은 되고 싶은데 운동은 하기 싫어서 핑계를 댄다고 생각할 수도 있겠다. 그러나 나는 실제로 생각을 통해 운동을 습관화시켰다. 그리고 건강해졌다. 또 돈을 벌었다. 사람들에게 나의 방법을 알려주고 그들도 나와 같은 성과를 만들었다는 얘기를 매일 접하면서 살게 되었다.

1-2

당신을 가난에
묶어두는 제한신념

놀랍게도 자기계발을 오래 한 사람일수록 성공은 점점 더 어려워진다. 오랜 시간 열중한 자기계발 공부 내용이 스스로를 옭아매고 있기 때문이다.

그런 이들에게 뇌를 써야 성공할 수 있다는 사실을 전해주면, 발끈해서 자기들도 성공을 원한다고 말한다. 자기들도 상상해봤다고 말한다.

하지만 나는 그런 사람들과 잠깐만 대화를 나눠봐도 그들이 너무 훤히 보인다. 그들의 뇌가 얼마나 많은 '제한신념'들로 가득차있는지 말이다.

여기서는 당신의 성공을 가로막는 제한신념이란 무엇인지, 어떻게 해야 이들을 극복할 수 있는지를 알아보겠다.

이걸 못하면 성공할 수 없어!

제한신념이란 당신의 의지력을 소모시키고 판단력을 한정시키는 불필요한 자기제약적 조건을 가리킨다. 주로 '하루를 힘들게 보내야 성공할 수 있다', '미라클모닝을 해야 성공할 수 있다', '모두에게 친절해야 성공할 수 있다', '하루에 10명 이상의 고객에게 전화를 걸어야 성공할 수 있다'와 같은 자기계발 실천사항들이 있다.

자기계발서를 많이 읽고 여러 종류의 자기계발 강의를 들은 사람일수록 위와 같은 성공 방법을 다양하게 알고 있다. 그렇지만 이것들은 잘못된 성공 방법이다. 뇌를 바꾸지 않은 채로 남이 알려주는 방법을 실천한들 절대 성공할 수 없다.

이것들을 실천하는 것은 되레 우리에게 악영향을 미친다. 어떤 성공 방법을 꾸준히 실천하면 '이걸 해야만 성공할 수 있다'라는 생각이 든다. 이러한 생각이 오래 지속되면 '이걸 못하면 성공할 수 없어!'라는 강박으로 이어진다.

이렇게 되면 우리의 뇌는 '성공의 방법'을 '성공의 조건'으로 보기 시작한다. 그리하여 그 내용을 충족시키지 않는 한 '나는 성공할 수 없는 존재', '나는 성공해선 안 되는 존재'라는 인식을 갖게 된다. 실상이 이러하니 자기계발로는 당신이 절대 성공할 수 없는 것이다.

또한 무언가를 해야만 성공할 수 있다고 생각하고 있으면, 지금 당장 성공할 수 있는 길을 볼 수 없게 된다. 제한신념은 자신이 제공하는 이상적인 성공의 방법 외에 다른 모든 성공의 가능성을 거부해버리게 만들기 때문이다.

이는 성공의 가능성을 크게 떨어뜨릴 뿐 아니라 필연적으로 환경 탓, 사람 탓, 자기 탓을 하게 만든다. 자기계발을 오래 한 사람들의 마음속에는 이러한 제한신념들이 가득하다.

뇌에게 스트레스를 준다

제한신념의 가장 큰 문제점은 당신의 뇌를 지치게 한다는 데 있다. 그것이 옳은 행동이든 아니든 당신이 무언가를 해야만 한다는 강박은 당신의 뇌에게 스트레스를 준다. 이는 당신의 의지력과 컨디션을 크게 소모시킨다.

1998년, 미국의 사회 심리학자 로이 바우마이스터Roy F. Baumeister는 한 가지 실험을 했다. A, B 두 그룹으로 나눠진 참가자들은 같은 영상을 시청했는데, A그룹은 영상을 시청하는 과정에서 느끼는 감정을 표현하는 것이 허용되었고, B그룹은 감정을 드러내는 것이 허용되지 않았다. 영상 시청 후 두 그룹의 악력을 측정했다. 결과는 B그룹의 악력이 A그룹보다 약하게 측정되었다.

로이 바우마이스터는 이 실험결과에 대해서 이렇게 설명했다. B그룹 참가자들은 감정을 절제하는 과정에서 의지력이 소모되었고, 의지력의 소모가 악력의 충분한 발휘에 영향을 미쳤다는 것이다. 의지력 소모가 신체 능력인 악력의 충분한 발휘를 막은 것이다. 무언가를 참는 행위는 그것이 아무리 사소한 것이라도 인간의 의지력을 소모시킨다.

이후 그는 비슷한 실험을 한 차례 더 진행했다. 이번에는 A, B 두 그룹에 초콜릿이 제공되었다. 그리고 모든 참가자들은 어려운 퍼즐 맞추기를 해야 했다. 그런데 A그룹은 초콜릿을 먹는 것이 허용되었고, B그룹은 초콜릿을 먹고 싶어도 참아야 했다.

결과는 예상대로 초콜릿의 유혹을 참아낸 B그룹이 초콜릿을 먹은 A그룹보다 퍼즐 맞추기를 포기하는 경우가 많았다. B그룹이 문제 해결을 포기한 건, 초콜릿의 유혹을 참아내는 과정에서 의지력이 많이 소모됐기 때문이다.

해야 할 일이 머릿속에 가득하다는 것만으로도 의지력은 계속해서 소모된다. 1차적으로 감정 컨트롤이 어려워지고, 2차적으로는 술, 담배와 같은 것에 의존하게 되며, 3차적으로 육체적 건강과 정신적 건강에 타격을 입는다.

예를 들어 해야 할 일이 가득한 날 아침에 눈을 떴다고 생각해보자. 혹은 하기 싫은 일로 가득한 아침이라면? 아침에 눈을 뜨는 것조차 힘이 들 것이다. 바우마이스터에 의하면 전날 잠들기 전, 다음날 해야 할 일을 생각하는 것만으로도 의지력이 소모된다.

성공의 기회가 100번을 찾아와도 이처럼 의지력이 소진되어있다면 아무런 소용이 없다. 기회를 이용하기는커녕 기회가 왔는지조차 알 수 없기 때문이다. 어찌어찌 기회를 잡았다 하더라도 당신의 눈에는 당신의 성공을 방해하는 요인들이 더 크게 보일 것이다.

또한 뇌는 스트레스를 받으면 그 스트레스를 풀 생각으로 가득차게 된다. 그러니 아무리 힘든 것을 참아내며 열심히 일해도 언젠가는 뇌가 스트레스에 주저앉아버리게 된다. 그러면 그때까지 만들어둔 성과도 물거품이 되어버린다.

긍정적인 성격을 지녀야 성공한다?

가장 골치 아픈 제한신념 중 하나는 '긍정적인 성격을 지녀야 성공한다'라는 것이다. 실제로 '긍정적인 성격을 지닌 사람이 부와 성공을 거머쥘 수 있다'라는 인식은 세간에 매우 광범위하게 퍼져있다. 문제는 '성격의 관점에서 긍정적인 것'과 '성공의 관점에서 긍정적인 것'에는 큰 차이가 있다는 점이다.

다음 '가', '나'로 이뤄진 문장 중 긍정적인 것과 부정적인 것을 구분하라.

가. 저는 사람들의 장점을 잘 보는 편입니다.
나. 저는 사람들의 단점을 잘 보는 편입니다.

가. 저는 즉시 실행에 옮기는 사람입니다.
나. 저는 생각이 많아 실행이 잘 안 됩니다.

가. 저는 사람들과 잘 지냅니다.
나. 저는 사람들과 잘 어울리지 못합니다.

가. 저는 사람들의 이야기를 잘 들어줍니다.

나. 저는 사람들의 이야기를 잘 들어주지 못합니다.

이렇게 보여주면 대부분의 사람들은 '가'를 긍정적인 것으로 '나'를 부정적인 것으로 생각할 것이다. 그리고 성공을 얻기 위해 '가'와 같은 인생을 살고자 노력할 것이다. 그러나 성공의 관점에서 이는 아무런 상관이 없는 잣대들이다. 왜냐하면 '가'의 성향으로 성공한 사람도 있고, '나'의 성향으로 성공한 사람도 있기 때문이다.

부하 직원의 장점을 알아서 정확한 사리에 그를 배치할 수도 있고, 단점을 알아서 정확한 자리에 그를 배치할 수도 있다. 때로는 즉시 실행하여 성공할 수도 있지만, 때로는 충분히 숙고한 계획으로 성공할 수도 있다. 사람들과 잘 지내면서 이야기를 들어주다 영감을 얻어 성공하기도 하고, 사람들의 이야기가 듣기 싫어 혼자만의 시간을 갖다가 영감을 얻어 성공하기도 한다.

이런 잣대를 기준으로 긍정적인 사람이 되어 성공을 거머쥐고자 한들, 나의 본성과 다른 행동을 하려니 의지력만 소모될 뿐이다. 아무리 남의 장점을 잘 찾아줘도 정작 자신이 성공할 기회를 찾지 못하면 무슨 소용이 있겠는가? 다른 사람들 이야기를 들어주느라 자기가 원하는 생각을 하지 못하면 무슨 소용이 있겠는가?

성격이 긍정적인 것만으로는 결코 성공할 수 없다. 오히려 긍정적인 성격은 자신의 현 상태를 괜찮다고 합리화시키게 만들기 때문에, 정말로 부정적 상황에 처하더라도 거기서 벗어나지 못하도록 발목을 잡는다.

그렇다면 성공의 관점에서 긍정적인 것은 무엇일까? 바로 원하는 생각을 계속하는 것이다. 성공을 원한다면 그 생각을 반복해야 한다. 그리하면 뇌는 무엇을 보든 무엇을 듣든 성공을 실현시킬 방법을 찾는다.

내가 타인의 장점을 잘 찾는 사람인지, 단점을 잘 찾는 사람인지에 대해 신경 쓸 필요 없다. 내가 타인과 잘 어울리는 사람인지, 타인의 말을 잘 들어주는 사람인지에 대해서도 고민할 필요가 없다. 오로지 원하는 생각만 하라. 그러면 성공하기 위해 어떻게 행동할지, 어떤 사람이 될지는 당신의 뇌가 알아서 정해줄 것이다.

결국 성공의 관점에서 긍정과 부정은 내가 원하는 것인지 아닌지로 구분할 수 있다. 우리가 아무리 밝고 쾌활하게, 최선을 다해 살아도 원하는 것에 대한 생각이 머릿속에 가득하지 않다면 우리는 부정적인 사람이다.

그동안 당신이 알고 있던 긍정적인 것들 대부분은 당신을 가난하게 만드는 것들이었다. 참고 또 참으며 하기 싫어도 억지로 했던 삶에 당신의 심신은 많이 지쳐있을 것이다. 성공은 커녕 빚만 없어도 괜찮겠다는 생각까지 갔을 수도 있다.

당신의 뇌를 원하는 것으로 채우면 놀랍게도 과거의 삶이 크나큰 자원이 된다. 집에서 빈둥거린 경험도, 몸과 마음을 희생해가면서 건강이 악화될 정도로 열심히 살아본 경험도, 돈을 벌어본 경험도, 돈을 날려본 경험도 모두 당신이 앞으로 돈을 벌게 해주는 데 큰 역할을 할 것이다. 당신의 뇌가 그러한 경험에서 활용할 수 있는 것들을 찾아내기 때문이다. 이것이 진짜 긍정이다.

가난한 뇌에서 벗어나라

열심히 살수록 점점 더 힘든 삶을 살아가게 되는 사람들이 있다. 이들 중 대부분은 '힘든 시간을 이겨내야만 성공할 수 있다'라는 제한신념을 가지고 있을 것이다. 이러한 제한신념은 뇌가 힘든 삶에만 집중하게 만들어, 그것에 관련된 것들만 보고 듣고 느끼게 해준다. 그 외의 것들은 차단한다. 그렇게 스트레스만 받는 삶을 만들어간다.

이러한 제한신념은 우리 사회의 명언들 속에도 존재한다.

고생은 사서 한다.

비 온 뒤에 땅이 굳는다.

공부하는 고통은 잠깐이고 공부하지 않은 고통은 평
생이다.

노력은 절대 배신하지 않는다.

실패는 성공의 어머니이다.

당신이 삶이 힘들 때마다 위와 같은 말들에서 위안을 얻는
다면, 당신의 뇌는 '가난한 뇌'라고 보면 된다. '삶은 힘들다'라
는 명제를 기본적으로 깔고 살아가기 때문이다. 무의식에 가
난과 고통이 깔려있으면 돈 버는 기회를 볼 수 없게 된다.

사실 우리 사회 대부분의 사람들이 이러한 프레임에 갇혀
서 살아간다. 어렸을 때부터 우리 사회가 그렇게 가르쳤기 때
문이다. 사회는 성공하지 못하는 개개인들이 열심히 살아야
지 돌아간다. 그래서 당신의 머릿속에 가난한 생각들을 심어
당신을 부품화시키고자 한다.

당신은 가난한 뇌에서 벗어나야 한다. 당신이 상식으로 알
고 있던 가난, 노력, 인내, 성공에 대한 관념을 완전히 바꿔야
한다. 그 누구도 당신을 구제해주지 않는다. 애석하게도 당신
을 걱정해주는 사람일수록 오히려 당신의 뇌를 더더욱 가난
하게 만들 확률이 높다.

성공의 기회는 지금도 우리 주변에 셀 수 없이 많이 존재한다. 다만 우리가 그것을 보지 못하고 있을 뿐이다. 성공한 사람들은 하나같이 '행운의 순간을 만났다'라고 말한다. 그러나 그것은 행운이 아니다. 힘들고 괴로워도 참고 끝까지 했기 때문도 아니다. 그것은 그들이 성공을 볼 수 있는 뇌를 가지고 있었기 때문이다.

사람들은 자신은 왜 열심히 살아도 성공을 못 하는지 한탄한다. 기회가 없었다고? 기회는 지금도 본인 주변에 널리고 널려있다. 가난한 뇌에서 벗어나면 이렇게 많은 돈벌이들이 도대체 어디에 숨어있었는지 의아할 정도로 성공할 기회를 많이 접하게 된다.

성공하는 방법은 오직 한 가지밖에 없다. 원하는 생각을 하는 데에 나의 모든 시간과 의지를 쏟는 것이다. '나는 이미 돈을 벌었다', '나는 이미 성공을 했다'라고 외치며 우리의 뇌가 감쪽같이 속아 넘어갈 만큼 깊고 진한 상상을 하면 뇌가 변화하기 시작한다. 변화된 뇌는 우리 주변에 있는 수많은 성공의 기회들을 포착할 수 있다.

1-3

뇌를 바꿔야
성공할 수 있다

누구나 그렇겠지만 나 역시도 잘살고 싶었다. 부자가 되고 싶었다. 그래서 나는 자기계발 분야에 빠져들었다. 나는 매일 같이 자기계발 서적을 읽고 새벽형 인간이 되길 실천했다. 나는 지금 남들보다 잘살고 있으며 나중에 엄청난 부자가 될 것이라 확신했다. 매일 아침 힘들고 괴로워도 참고 인내했다.

반복되는 좌절의 경험

그렇게 자기계발을 시작한 지 11개월이 지나던 어느 날 나는 갑작스럽게 쓰러졌다. 그리고 병원에서 CRPSComplex Regional Pain Syndrome, 복합부위통증증후군라는 불치병을 진단받는다. 당시 겨우 20대 초반에 불과했던 나는 이대로 죽을 수는 없단 생각에 어떻게든 병을 치료하고자 여러 병원을 오갔다.

한편으로 내 안에는 죽고 싶다는 마음도 가득했다. 성공하기 위해 그렇게 열심히 달려왔는데, 그 결과가 불치병 진단이라니. 내가 생각하는 '성공의 조건'과 더욱 멀어지는 나의 모습이 너무나 비참하게 느껴졌다.

그러던 중 일전에 잠깐 배웠던 자기계발 기법인 NLPNeuro Linguistic Program, 신경 언어 프로그램가 생각났다. 신경계 문제로 인해 발생하는 내 병을 NLP로 치유할 수도 있겠다 판단해, 책을 보며 스스로 NLP 치유를 진행했다.

그런데 믿기 힘든 일이 일어났다. NLP 기법을 통해 통증을 지우는 연습을 하니 거짓말처럼 그 자리에서 내 몸이 회복되었다. 이게 불치병이 맞는 것인가? 나는 나에게 일어난 이 엄청난 기적에 통곡하듯 눈물을 흘렸다.

나는 병이 치유되는 경험을 계기로 자기계발 강사로서의 삶에 뛰어들게 되었다. 본격적으로 NLP를 공부한 나는 "노력이 답이 아니다", "원하는 것을 즐겁게 해야 성공할 수 있다"라고 이야기하며 건강, 성공, 동기부여를 가르치는 NLP 강사로 자리를 잡아나갔다. 그렇게 10년 이상 활동하니 대기업에서도 앵콜을 부를 정도로 인기를 얻었다.

그러나 성공이라 부르기엔 아직 한 발짝 모자란 시점에서 나는 다시 한번 무너질 수밖에 없었다. 갑작스럽게 찾아온 코로나 팬데믹은 나를 완전히 무너뜨렸다. 나의 사업체는 공중 분해되었고, 모아놓은 돈을 모두 날린 뒤 빚까지 졌다. 지인들은 대부분 나를 떠났다. 나는 완전히 망한 듯했다.

'코로나만 아니면 강사로서 복귀할 수 있는데⋯⋯.' 전국에서 러브콜을 받는 강사였던 나는 어쩔 수 없이 먹고살기 위해 해본 적 없는 대리운전과 배달 일을 시작했다. 나는 그렇게 주저앉았다. 그 시절은 내가 강연을 하며 이야기했던 모든 메시지들이 틀렸다는 것을 증명하는 시간이었다.

뇌를 변화시킬 방법을 찾다

열심히 살았더니 병에 걸렸다. 하고 싶은 것을 즐겁게 하며 살았더니, 성장도 있었지만 망가질 때도 빠르게 망가졌다. 나의 성공은 잡아둘 수 없는 공기와 같았다. 정말 나는 성공할 수 없는 사람인가? 그렇게 괴로워하며 1년의 시간을 보냈다.

실의에 빠져있는 동안 스스로에게 끊임없이 질문했다. 결국 열심히 사는 것이 답인가? 하고 싶은 것만 해서 성공한 사람들도 있지 않은가? 둘 중에 뭐가 맞는 말인가?

이런 생각을 하며 배달 일을 하던 어느 날, 불현듯 내가 강의했던 NLP 이론 중 하나가 떠올랐다. 특정한 활동을 계속해서 하다보면, 해당 뇌 부위의 뉴런Neuron, 신경세포을 감싸고 있는 미엘린Myelin, 신호전달체이 두꺼워져 그 활동에 대한 전문가가 된다는 것이었다.

그 내용을 곱씹던 나에게 한 가지 발상이 찾아왔다. 부자가 되는 것 또한 하나의 활동이라 봤을 때, '부자 되기 전문가'가 되려면 해당 뇌 부위를 활성화시켜야 한다. 그러기 위해선 반복적으로 부자가 되는 연습을 해야 한다.

그런데 다른 활동과 달리 부자가 되는 연습은, 하고 싶다고 할 수 있는 게 아니다. 부자가 되는 방법을 모르니 연습을 하는 것인데, 연습을 하려면 부자가 되는 경험을 필요로 한다? 모순이 아닐 수 없다.

결국 지금 당장 부자가 아닌 사람으로서는, 부자가 되는 뇌 부위의 뉴런을 활성화시킬 수 없다는 얘기가 된다. 그러면 우리는 대체 어떻게 해야 부자가 되는 연습을 할 수 있는가?

나는 필사적으로 방법을 찾았다. 꼭 현실에서 활동을 해야만 뇌를 활성화시킬 수 있는 걸까? '이미지 트레이닝'이라는 단어가 떠올랐다. 나는 10대 시절 운동선수로 활동했는데, 퍼포먼스를 올리기 위해 이미지 트레이닝을 하기도 했다.

그때 나의 머릿속에서 조각이 맞춰지며 전율을 느꼈다. 행동을 하지 않고도 특정 뇌 부위를 활성화시킬 수 있는 방법은 오로지 '생각'뿐이다. 아직 부자가 되지 못한 사람이 부자가 될 수 있는 뇌를 만드는 방법은, 자신이 부자가 됐을 때를 가정한 상상 말고는 없다. 그래서 성공한 사람들의 머릿속에 성공에 대한 상상이 가득했던 것이다. 여기까지 생각이 다다른 나는 가슴이 벅차올랐다.

"나는 1,000억 원을 벌었다. 나는 1,000억 원을 벌었다. 나는 1,000억 원을 벌었다. 나는······."

나는 집에서 2달간 쉬지 않고 1,000억 원을 벌었다는 말을 반복하며 내가 성공했을 때를 상상했다. 정말 간절했다. 1,000억 원이 들어있는 통장 사본을 합성해 벽에 붙여놓고 '나는 1,000억 원을 벌었다', '돈이 많으니 좋다', '나는 능력이 있다'와 같은 말을 반복했다. 그리고 그렇게 돈을 번 상태에서 하고 싶은 것들을 상상했다.

그렇게 2달을 보내니 돈을 벌 수 있는 아이디어들이 쏟아져 나오기 시작했다. 그때부터 단 10개월 만에 온라인 비즈니스를 통해 8억 원 넘게 벌어들이는 기적을 일으켰다. 내가 원래부터 돈 벌 수 있는 재능을 갖고 있던 것일까?

나는 어렸을 때부터 의지력이 부족했고 감정을 잘 컨트롤 하지 못했다. 불치병을 진단받은 이후로는 부지런하지도 않았다. 나는 세상 사람들이 이야기하는 '성공과는 거리가 먼 사람'이었다. 그런데 지금은 월 억대의 매출을 벌고 있다.

부자의 뇌를 만들어라

우리의 모든 움직임은 뇌가 주관한다. 부자가 되는 것 또한 뇌가 우리를 조종해서 만든 하나의 결과다. 그렇기에 우리가 가장 먼저 해야 할 일은 '부자의 뇌'를 갖는 것이다. 그리고 그 방법은 돈 버는 생각을 하는 것 말고는 없다.

성공할 수 있는 '태도'와 '행동'을 가르치는 책들은 수천수만 권 있다. 부자의 뇌를 만드는 책도 수십 종이 있다. 그러나 이들이 말하는 방법은 모두 틀렸다. 이들은 당신에게 어떤 행동을 할 것을 요구하기 때문이다. 당신이 이미 성공한 게 아닌 이상, 그 어떤 행동도 당신의 뇌를 성공에 익숙해지게 만들어줄 수 없다.

사실 '당신의 성공을 상상하라'라는 메시지는 『시크릿』, 『잠재의식의 힘』, 『네빌링』, 『꿈꾸는 다락방』과 같은 자기계발서에서도 찾아볼 수 있다. 그러나 이러한 책들도 '오로지 상상을 통해 성공하는 뇌를 만들어야 한다'라는 결론에는 이르지 못했다. 그래서 책의 마지막엔 하나같이 어떤 행동을 할 것을 요구한다. 또 다른 제한신념의 시작이다.

당신이 부자가 되기 위해서 해야 할 일은 돈 버는 생각을 하는 것뿐이다. 동시에 당신을 제한신념에 가두는 잡다한 생각과 행동을 끊어내야 한다. 그렇게 해서 부자의 뇌가 만들어지면 우리가 어떤 행동을 해야 할지는 우리의 뇌가 알려준다. 그리고 그 행동을 하고 싶게 만들어준다.

이때 주의할 점은, 처음에는 내가 돈을 벌었다고 생각할 때마다 머릿속에서 부정적인 속삭임이 쉬지 않고 흘러나온다는 것이다. 예를 들어 '나는 1,000억 원을 벌었다'라고 생각하면 어김없이 '이런다고 정말 벌 수 있을까?', '내게 그럴만한 능력이 있을까?', '굳이 이렇게 큰 금액이 필요할까?'와 같은 의심이 떠오른다.

그럼에도 불구하고 계속해서 1,000억 원을 벌었다고 생각하면, 정말로 1,000억 원을 벌었을 때의 모습이 생생하게 떠오른다. 그렇게 그 생각에 익숙해지면 머릿속에서 흘러나오던 부정적인 속삭임이 사라진다. 그리고 그 자리를 긍정적인 속삭임이 차지한다. 그렇게 되면 창의성과 자신감이 생겨나 돈을 벌 수 있는 방법이 보이기 시작한다.

생각은 내가 하고 행동은 뇌가 한다

돈 버는 것 외에도 무엇이든 원하는 일을 해내려면 뇌를 바꿔야만 한다. 그러나 대부분의 사람들은 뇌는 그대로 두고 자신의 의지로 무엇인가를 해내려고 한다. 그래서 결국 실패하고야 만다. 잠깐은 성공한다 해도, 예전과 다를 바 없는 뇌가 기어이 당신을 실패하게 만든다.

금연, 금주를 생각해봐도 그렇다. 일반적으로 습관은 최소 21일, 최대 100일 유지하면 정착이 된다고 얘기들 한다. 21일에서 100일 동안만 술과 담배를 중단하면 그것들을 끊을 수 있다는 얘기다. 그러나 당신도 알다시피 현실은 그렇지 못하다.

과거의 나는 이랬다.

21일간 금주를 했다. 나는 22일째 되는 날부터 술 마시고 싶은 마음이 가시리라 생각했지만 나의 뇌는 술 먹을 날만 기다리고 있었다. 당연히 금주에 실패했다. 100일간 금연에 성공했다. 그러나 나는 101일째 되는 날 새벽부터 담배를 피우기 시작했다. 어느새 전보다 담배를 2배 더 많이 피우는 사람이 되어있었다.

이미 우리는 직간접적 경험을 통해 단순히 시간이 지난다고 습관이 되는 게 아니라는 점을 잘 알고 있다. 술과 담배 생각을 억지로 지우며 평생 자기 자신과 싸우는 인생은 생각만 해도 피곤하다.

다이어트의 경우도 마찬가지다. 단식, 다이어트 약, 운동 프로그램, 지방흡입 시술 모두 통하지 않는다. 나의 뇌는 여전히 놀고먹기를 좋아하기 때문이다. 뇌를 바꾸지 않고 살을 빼도 다시 원점으로 돌아오게 되어있다. 혹은 전보다 더 악화된 모습의 나를 만든다.

뇌를 바꾸지 않은 상태에서 하는 노력은 무의미하다. 열심히 일하지 않는 것, 자극적인 음식을 먹는 것, 술을 마시는 것, 담배를 피우는 것이 문제가 아니다. 뇌를 바꾸지 못하는 것이 문제다. 그리고 뇌를 바꾸지 못하는 것은 원하는 생각을 하지 않기 때문이다.

많은 이들이 근육을 만들겠다고 운동을 하면서도 정작 운동을 시작한 뒤에는 근육을 키울 생각보다 '귀찮다, 피곤하다'와 같은 생각을 더 많이 한다. 그러면 어떻게 될까? 힘든 운동을 회피하고자 하는 방어심리가 발동해 무의식중에 '나는 근육이 필요하지 않아'라는 생각이 만들어진다. 그러면 뇌는 더 이상 우리에게 운동할 힘을 주지 않는다.

반대로 우리가 운동을 하면서 주기적으로 '나는 근육이 필요해'라고 생각하면 어떻게 될까? 뇌 또한 '나는 근육이 필요해'라고 생각하여 우리에게 운동을 할 힘을 주고, 그에 맞는 음식을 먹고 싶게 만든다.

만약 당신이 살을 빼고 멋진 몸매로 살고 싶다면, 가장 먼저 해야 할 일은 '운동을 하는 내 모습', '건강해진 내 모습'을 생각하는 것이다. 운동은 안 해도 되냐고? 그렇다. 실제 행동은 하지 않아도 된다. 정말 안 해도 된다.

우리가 어떤 일을 이루기 위해 행동이 필요하다면 '뇌가 시킬 것'이다. 뇌는 우리가 그 행동을 하지 않고는 못 배기도록 명령을 내린다. 그러니 우리의 의지로 그 행동을 할 필요가 전혀 없다.

오히려 그 행동을 하지 않는 데 의지를 소모해야 할 정도로 뇌가 그 행동을 하도록 우리를 추동한다. 거식증 환자가 오히려 음식을 먹기 위해 의지를 소모하는 것처럼, 운동에 중독된 사람이 오히려 운동을 쉬기 위해 의지를 소모하는 것처럼 뇌의 지향점이 바뀌게 된다. 물론 두 경우는 '건강해진 내 모습'이 아닌 잘못된 이미지를 뇌에 심어 부작용이 발생한 경우라 볼 수 있다.

지금까지 살펴본 내용들을 이해한다면 생각만으로도 우리가 얼마나 많은 것을 이루며 살 수 있는지 공감할 것이다.

먼저 원하는 생각을 하자. 이것이 최우선이다. 원하는 생각을 계속해서 하면 우리의 뇌가 행동하기 시작할 것이다.

뇌가 일하면 의지력이 소모되지 않는다

어느 날부터 당신의 눈에 '돈 버는 방법'들이 지천에 깔려있는 것처럼 보인다면 어떨 것 같은가? 우선 매우 신이 날 것이다. 당신의 머리에 돈을 벌 수 있는 아이디어들이 가득차고 그것들이 하나씩 이루어진다면? 통장에 돈이 쌓이고, 어떻게 하면 더 큰돈을 벌 수 있는지가 계속 떠오른다면?

만약 이런 상태가 된다면 당신이 현재 얼마나 오래 일하고 있는지, 얼마나 피곤을 감수하고 있는지는 그렇게 신경 쓰이는 일이 아닐 것이다. 뇌가 성공을 위해 일하기 시작하면 의지력이 소모되지 않기 때문이다.

이는 막 연애를 시작했을 때의 상태와 비슷하다. 너무나도 피곤했던 일과를 마치고 그 사람을 만날 생각을 하면 새로운 힘이 생긴다. 장거리 연애도 전혀 문제가 되지를 않는다.

혹 우리의 의지는 이것을 노력하는 것이라고 생각할 수도 있다. 그러나 우리의 뇌는 이것을 노력하는 것이라고 받아들이지 않는다. 그렇기에 육체적으로 아무리 힘들어도 계속해서 나아갈 수 있는 것이다.

힘들고 괴로워도 참고 해냈다고 하는 사람들은, 사실 뇌가한 것이라고 봐야 한다. 그들은 본능적으로 목표를 반복해서 생각하여 뇌를 바꿔낸 사람들이다.

그런 반면 뇌를 바꾸지 않고 자신의 의지력을 소모시키며 도전한 사람도 존재한다. 그런 이들의 말로는 좋지 못하다. 누군가는 끝까지 해서 성공하고, 누군가는 끝까지 해서 실패한 뒤 몸이 망가지고 마음도 무너진다. 아직도 운명의 장난이라 생각하는가?

둘의 차이는 뇌를 사용할 줄 알았느냐 몰랐느냐에 따른 것이다. 내 의지로 하려고 하면 생각보다 빠르게 자신의 부족함을 알게 된다. 뇌가 하게 하면 생각보다 당신이 얼마나 대단한 존재인지 알게 된다.

힘들고 어렵게 살아야만 잘살 수 있다는 낡고 식상한 생각에서 이제 완전히 벗어나보자. 돈 버는 것은 즐겁고 설레는 일이다. 나의 아이디어로 많은 사람들이 돈을 벌거나, 시간을 아끼거나, 즐거워질 수 있다면 나에게 돈이 들어온다. 멋지지 않은가?

1-4

의지 이전에
뇌가 결정한다

뇌가 바뀌어야 돈을 벌 수 있다는 사실은 과학적으로 증명되었다. 아래 소개할 실험을 읽어보면 '부자의 뇌를 만들지 못하면 그 어떤 노력으로도 절대 성공할 수 없다'라는 명제를 이해할 수 있을 것이다.

세상을 충격에 빠뜨린 실험

당신은 지금 이 책을 읽고 있다. 이것은 당신의 선택일까? 무슨 뚱딴지같은 소리냐고 생각할 수도 있다. 내가 생각해서, 내가 책을 집어들고, 내가 읽고 있는데 무슨 소리를 하는 거냐고 말이다. 그런 당신에게 충격적인 실험 하나를 소개한다.

1980년대 미국의 신경과학자 벤자민 리벳Benjamin Libet 교수는 한 가지 실험을 했다. 그는 실험 참가자들에게 하나의 버튼을 주고 그것을 누르게끔 했다. 다만 본인이 원할 때, 그러니까 손가락으로 버튼을 누르고 싶은 충동을 느끼는 시점에 자유롭게 버튼을 누르도록 했다. 그리고 그 과정에서 실험 참가자를 뇌파 검사기, 근육신호 측정기로 측정했다.

직관적으로 생각해보면 실험 참가자는 다음과 같은 과정을 통해 버튼을 누르게 된다. 우선은 그가 버튼을 누르겠다는 의지를 발현하는 게 먼저일 것이다. 이때 발생한 전기신호가 뇌의 신경계에 전달된다. 그렇게 전달된 명령에 따라 그의 손이 움직인다.

이 과정을 간단하게 정리하면 다음과 같다.

의지 뇌파 ➡ 신경계 전기신호 ➡ 버튼을 누르는 행동

그러나 실험결과는 충격적이었다. 실험 참가자의 뇌파와 근육신호를 분석한 결과는 달랐기 때문이다. 실험 참가자가 손가락을 움직이고 싶다는 뇌파를 발현하기 이전에, 신경계에서 근육신호를 내보낸 것이 측정됐다. 실험 참가자의 의지보다 뇌의 신경계가 먼저 움직인 것이다.

신경계 전기신호 ➡ 의지 뇌파 ➡ 버튼을 누르는 행동

위와 같이 두뇌의 신경 반응이 일어난 시점이 가장 먼저였다. 그리고 0.2초 후에야 참가자의 의지가 확인되었고, 더 시간이 지나서 손가락이 버튼을 누르는 실제 운동이 측정되었다. 어떤 행동을 하려는 의지를 발현하기도 전에, 관련 뇌 부위가 이미 활동한다는 사실이 밝혀진 것이다.

리벳 교수는 이러한 실험결과를 바탕으로 "우리의 결정은 무의식적으로 이루어지며 자유의지가 크게 작용하지 않는다"라는 결론을 내렸다. 그리고 그는 이런 이야기를 남겼다.

"인간의 모든 행동은 그저 뇌의 화학작용에 따른 결과일 뿐이다."

당신의 선택을 10초 전에 알 수 있다

위 실험에서는 뇌가 반응하고 나서 0.2초 뒤에 실험 참가자의 의지가 확인되었다. 사실 0.2초라는 시간은 매우 짧은 시간이다. 따라서 이 짧은 시간 내의 측정 결과를 '인간의 의지 이전에 두뇌가 먼저 결정했다'라는 증거로 삼기엔 부족하다는 생각을 할 수도 있겠다.

실제로 당시 뇌과학계의 의견은 분분했다. 일부 학자들은 의지가 발현되기 전 관측된 신경계의 활동은 결정을 위한 준비일 뿐이라고 반박하기도 했다. 하지만 이후에 진행된 실험은 이런 반박을 불식시키며 한번 더 세상을 놀라게 했다.

2007년 「네이처뉴로사이언스Nature Neuroscience」에 발표된 존 딜런 헤인즈John-Dylan Haynes 박사의 실험을 살펴보자. 연구팀은 실험 참가자 14명에게 오른쪽과 왼쪽 버튼을 하나씩 쥐고 자기 의지에 따라 버튼을 누르게 했다. 연구진은 왼쪽 버튼을 누를 때 뇌의 반응과 오른쪽 버튼을 누를 때 뇌의 반응의 차이를 구분해 측정했다.

실험결과는 리벳의 실험과 일치하게, 실험 참가자의 의지와 행동보다 신경계 반응이 빨랐다. 그런데 그 차이가 약 10초에 달했다. 참가자들이 '왼쪽 버튼을 누르기로 결정했다'라고 생각하는 순간보다, 약 10초 빨리 왼손의 운동을 담당하는 뇌 부위에서 반응이 감지된 것이다.

뇌파를 통해 실험 참가자들이 오른쪽을 누를지, 왼쪽을 누를지를 10초 전에 미리 알 수 있었다는 얘기가 된다. 인간이 스스로의 행동을 의식적으로 결정하기 전에 우리 뇌가 무의식적으로 결정한다는 것이 과학적으로 증명된 셈이다.

위 실험들을 통해서 뇌의 중요성을 이해했을 것이다. 실험의 결과를 정리하자면 인간의 모든 행동은 뇌에서부터 시작한다. 지금 내가 선택하는 모든 행동들은 나의 의지가 결정하기 훨씬 전에 뇌가 시켜서 하고 있는 것이다.

이런 이야기를 들으면 '뇌에 따른 운명이 있다는 건가?',

'내 미래가 결정되어있다는 거야?'와 같은 불편한 생각이 들 수도 있다. 반은 맞고 반은 틀렸다. 당신의 뇌가 바뀌지 않는 한 당신의 삶은 마치 운명으로 정해진 것처럼, 지금껏 그래왔던 것처럼 반복될 것이다. 반대로 그 뇌를 바꿀 수 있다면 당신의 인생은 하루아침에도 성공한 삶으로 달라질 수 있다는 얘기다.

'뇌를 바꾸는 것' 또한 우리가 스스로 수행해야 할 하나의 행동이다. 그런데 앞서 살펴본 대로 우리는 우리의 뇌에 반하는 행동을 하기 어렵다. 그렇다면 우리의 뇌가 뇌를 바꾸는 것을 허용하지 않는다면 어떻게 될 것인가?

딱 한 가지 우리가 뇌의 통제를 벗어나 손쉽게 할 수 있는 행동이 있다. 그것은 바로 상상이다. 우리가 우리의 의지를 통해 마음대로 할 수 있는 것은 상상뿐이다. 상상을 할 땐 두 뇌의 기존 경향에서 벗어나 원하는 것을 생각할 수 있다.

그리고 이렇게 상상하는 이미지에 의해 우리의 뇌는 재설정된다. 재설정된 뇌는 우리가 상상한 이미지로 나아가기 위한 행동을 이끌어내기 시작한다.

정리하자면 생각을 통해 뇌를 바꾸는 방법 말고는 우리의 인생을 우리의 의지대로 변화시킬 수 없다는 얘기다. 나는 이러한 이치를 인식하자 그동안 내가 왜 성공을 못 했는지, 왜 그렇게 삶이 힘들었는지, 왜 그렇게 스스로를 나약하게 느꼈는지를 단번에 깨달을 수 있었다.

결핍과 고통에 집중하는 생각

인간의 뇌는 대부분 자신의 '결핍'과 '고통'에 집중하는 성향을 지니고 있다. 원시시대에는 이러한 성향이 생존에 유리했기 때문이다. 거기에 대부분의 사회에서는 아이들에게 '최선을 다해라', '성실하고 겸손해라', '참고 인내하는 것이 중요하다', '원하는 것은 나중에 해도 늦지 않는다'와 같은 내용을 가르친다. 이러한 말들은 모두 인간의 뇌를 결핍과 고통에 집중하게 만든다.

이런 상태에서 사람들은 '돈을 벌고 싶다'라는 생각을 한다. 하지만 결국 돈을 벌지는 못한다. 왜냐하면 '돈을 벌고 싶다'라고 생각할 때마다 '결핍과 고통에 집중하는 뇌'가 돈을 벌어야 하는 이유, 즉 '현재는 돈이 없다'라는 기본전제를 떠올리기 때문이다.

우리가 '돈을 벌고 싶다'라고 생각할수록 뇌는 더더욱 결핍과 고통에 집중하는 악순환이 이어지는 것이다. 상상은 뇌의 기존 경향에서 벗어나 이뤄지는 행위이지만 이 부분 만큼은 완벽히 자유롭지 못한 것이 사실이다.

상상을 통해 뇌를 변화시키면서도 위와 같은 악순환을 피하기 위해서는 '생각의 방식'에 변화를 줘야 한다. '돈을 벌고 싶다'라는 생각을 있는 그대로 떠올리면 안 된다. '돈을 벌고 싶다'라는 열망은 떠올리면서도 뇌가 현재의 결핍과 고통에 집중하지 못하도록 만들어야 한다.

그 방법 중 하나가 열망의 '시제時制'를 변조시키는 것이다. '돈을 벌고 싶다'는 열망을 마치 이미 달성한 것처럼 '나는 이미 돈을 벌었다'라고 생각할 수 있다. 이렇게 상상하면 돈을 버는 이미지는 머릿속에 그려지지만 '현재는 돈이 없다'는 기본전제가 떠오르지는 않는다. 나는 이미 돈을 번 미래로 와있기 때문이다.

생각만으로 성공할 수 있을까?

나는 대중 앞에서 수많은 강의를 해오면서, '사람들이 하루에 10분도 원하는 생각을 하지 않는다'라는 사실을 알게 되었다.

나 또한 한때는 '생각만으로는 절대 성공할 수 없다', '하늘은 스스로 돕는 자를 돕는다'라는 말을 입에 달고 살았던 사람이다. 그런데 생각과 뇌의 관계에 대한 진실을 깨닫게 되면서 이 생각이 100% 틀렸음을 알게 되었다.

지금의 나는 '생각만 해서 성공할 수 있나요?'라는 질문에 '생각만 해야 성공할 수 있다'라고 대답한다. 그러면 이렇게 답하는 사람들도 있다. '아무런 행동도 하지 않으면 아무런 성과가 없잖아요. 그냥 운에 삶을 맡기라는 건가요?' 이런 말을 하는 사람들은 대부분 자기계발에 빠져있는 사람들이다.

그럼 나는 이렇게 이야기한다. '계속 원하는 생각을 하면 뇌가 행동하기 시작합니다. 갑자기 아이디어들이 쏟아져 나오고 하고 싶은 것들이 생겨요. 그리고 돈 버는 방법들이 보이기 시작합니다. 그때부터는 누가 시키지 않아도 자신이 신나서 그 방법들을 실행에 옮기게 됩니다.'

그동안 당신이 성공하지 못한 이유는 아주 단순하다. 당신의 뇌에 성공이 보이지 않았기 때문이다. 아무리 노력해도 돈을 벌 수 있다는 비전이 보이지를 않으면 노력을 지속하기 어렵다. 게다가 그 과정이 힘든데 결실도 없다면? 혹은 결실이 있었는데 하루아침에 사라졌다면? 더더욱 무언가를 시도하기가 어려워진다.

사실 이건 나의 이야기이기도 하다. 12년간 강의를 하다 보니 나름 비싼 몸값을 받는 강사가 되었다. 그런데 어느 순간 어떤 사건을 계기로 평생 꿈이었던 강사라는 직업이 싫어졌다. 지쳐버린 것이다. 나는 반강제적으로 1년간 쉬었다. 그리고 이제 다시 강의해야지 하며 일어나려는 순간, 거짓말처럼 코로나가 찾아왔다.

나는 강의를 하고 싶어도 할 수가 없었고, 결국 대리운전과 배달 일을 할 수밖에 없었다. 쉬지 않고 돈을 벌었던 것 같은데 통장에는 빚이 더 늘어나 있었다. 뇌를 바꾸는 유일한 방법은 상상뿐이라는 사실을 그때는 몰랐다.

뇌는 가난으로 가도록 프로그래밍해놓고, 행동은 성공하겠다고 하고 있으니 삶은 발전이 없고 힘들기만 한 것은 당연하다. 아무리 부자가 되고 싶다고 꿈꿔도, 벽에 비전보드를 붙여도, 계속 삶이 쳇바퀴 돌듯 제자리로 돌아오는 이유가 여기에 있다.

성공하는 생각이 가져오는 변화

하루 종일 성공하는 상상만 해본 적 있는가? 정말 온 세상이 달라진다. 그러길 반복하다보면 성공할 수 있는 길이 보이기 시작하여 당신은 누구도 말릴 수 없는 열정 넘치는 사람이 된다. 당신의 뇌가 당신으로 하여금 끊임없이 행동하도록 추동한다. 밤새도록 일을 해도 힘이 들지 않고, 몸이 지치더라도 짧은 휴식으로 금세 힘이 회복된다.

그때부터는 매사에 효율적으로 생각의 전환이 이루어지고, 아이디어를 통해 원하는 것들을 이룰 수 있는 방법들이 보이기 시작한다. 억지로 하는 것이 아니라 하고 싶어서, 기쁨에 겨워서 하는 일이 된다.

다만 당신 주변의 사람들은 그런 당신의 모습을 보고 '저렇게 열심히 사니까 성공하는구나'라고 생각한다. 정말 큰 오산이다. 뇌를 바꾸지 않은 채 억지 행동과 억지 긍정을 하면 자신의 의지력만 고갈시키고 육체를 갉아먹는다.

지금 당신이 느끼는 현실은, 당신의 뇌가 당신에게 허락한 세상의 아주 작은 일부일 뿐이다. 그리고 뇌는 우리가 평소에 하는 생각에 따라서 우리에게 어떤 현실을 보여줄지 결정한다. 그러니 우리가 인생을 바꾸기 위해 할 수 있는 것은 의식적으로 원하는 생각을 계속하는 것 말고는 없다.

나는 이 책을 통해 당신의 뇌를 원하는 생각으로 가득 채워 부자의 뇌로 만들 것이다. 기대해도 좋다.

1-5
뇌는 당신의 태도에 관심이 없다

나에게는 배달 일을 하며 매일매일 최선을 다해 살아가는 친구가 한 명 있었다. 현실에 치여 삶은 원래 힘든 거라는 생각에서 벗어나지 못하던 친구였다. 나는 그에게 한 가지 작은 실험을 하기로 했다.

오랜만에 그 친구를 만난 날 물었다.

"너 택시 탈 일 있어?"

"아니 없는데. 알잖아? 나 차도 있고 술도 안 마시는 거."

"그래? 그럼 오늘 하루종일 택시를 타는 상상을 하면서 '나는 택시에 타지 않을 거야'라고 반복해서 다짐해봐."

친구는 나를 빤히 보며 말했다. 그렇게 해서 뭐가 되겠냐는 표정으로.

"그럼?"

"그럼 너는 택시를 타게 될 거야."

"나 택시 안 탄 지 몇 년 됐는데?"

별 싱거운 소리를 다 한다는 듯 내 친구는 그 상황을 웃어 넘겼다. 그러나 나는 끈질기게 그 친구에게 택시 타는 상상을 하며 택시를 절대 타지 않겠다고 다짐하라고 시켰다.

놀라운 것은 그 다음이었다. 며칠 뒤, 늦은 밤 그 친구에게서 전화가 온 것이다.

"야, 나 택시 탔어! 진짜로 탔어!"

친구는 자신에게 무슨 짓을 한 거냐며 크게 놀라 내게 따져물었다. 알고 보니 나와 헤어지고 혼자서 그 말을 되뇌던 친구는 야간 배달을 하다가 오토바이 타이어에 구멍이 났다고 한다.

시간이 늦어 타이어 수리도 불가능했고 대중교통도 끊겨 있었다. 오도 가도 못하는 신세가 된 친구는 어쩔 수 없이 인근 오토바이 수리점까지 오토바이를 힘겹게 옮겨놓고 택시를 잡아타고 집으로 향했다.

나는 친구에게 어떤 짓도 하지 않았다. 다만 생각의 힘을 깨닫게 해줬을 뿐이다.

위 이야기는 내가 경험한 일 그대로 글로 옮겼을 뿐이다. 오토바이 타이어에 구멍이 뚫린 것은 우연일 수 있다. 그러나 그 상황에서 친구가 택시에 탄 것은 결코 우연이 아니다. '나는 택시에 타지 않을 거야'라는 생각을 반복하지 않았다면, 그는 그 상황에서 택시의 택 자도 떠올리지 못했을 것이다.

그러면 당신은 이렇게 물을 수 있겠다. 왜 암시의 내용과 반대인 행동을 했는가? 한마디로 말하면 '역逆암시'다. 친구는 입으로는 택시에 타지 않을 거라고 반복했지만, 그 말을 반복하는 중에 머릿속에 택시를 타는 이미지를 떠올렸다. 택시를 타지 않겠다고 하면서 실상은 택시를 잡아타는 상황을 머릿속에 그리게 되었고, 결국 그러한 이미지가 뇌에 프로그래밍된 것이다.

효율적으로 뇌를 바꿀 수 있다

유명한 역암시 사례는 또 있다. 지금도 전 세계인의 위대한 스승으로 평가받고 있는 네빌 고다드Neville Goddard가 자기계발 강사로 활동하던 1930년대의 일이다. 그는 많은 사람들을 모아놓고 강연을 한 적이 있다.

"여러분께 사다리 오르는 법을 가르쳐드리죠. 여러분은 제가 틀렸다는 것을 증명해야 합니다."

그곳에는 네빌 고다드가 하는 강의가 사기라고 생각하는

사람들도 있었다.

"머릿속에 사다리 하나를 그려보세요. 그리고 왼손으로 사다리 한 쪽을 잡으세요. 그 다음 오른손으로 반대쪽을 잡으세요. 이제 당신의 한 발을 사다리 첫 칸에 딛고 사다리를 오르기 시작하세요. 끝까지 올라가세요. 그리고 내려오세요."

이어서 네빌은 말했다.

"이제 '나는 사다리를 오르지 않을 거야'라고 반복해서 말해보세요. 반복해서 말하고 눈에 잘 보이는 곳에 그걸 써서 붙여놓으세요. 그리고 다음주 이 시간, 여기에서 우리는 다시 만날 겁니다. 현실에서 사다리를 오른 분들만 오면 됩니다."

그 자리에 있던 청중은 대부분 네빌을 의심했다. 그렇게 해서 사다리를 오를 수 있겠냐는 표정들이었다.

"안 오르겠다 계속 다짐해도 당신은 오르게 될 겁니다."

그리고 일주일 뒤, 사다리에 오른 사람들만 그곳에 다시 모이라고 했다. 일주일 뒤 많은 사람들이 모였다. 모두 사다리를 오른 사람들이었다. 네빌을 의심하던 사람들은 이제 그의 추종자가 되어있었다. 네빌은 말했다.

"같은 방법으로 당신은 천만 달러를 벌 수 있습니다."

당신이 어떤 생각을 하든지 뇌에게 있어 중요한 것은 당신의 '태도'가 아니라 그 생각을 할 때 떠오르는 '이미지'다. 가난이 싫어서 가난한 이미지를 떠올렸더라도 뇌에게는 그 가난한 이미지가 하나의 지향점이 된다.

따라서 우리는 현재 환경과 상관없이 나의 능력을 발휘하여 큰 부자가 된 모습을 머릿속에 그려야 한다.

현실이 가난해도 풍요를 떠올려라

당신에게 많은 빚이 있다고 가정해보자. 그런 상황에서 당신이 매일 '내년까지 빚을 갚아야지'라는 목표를 다짐하고 있다면 거짓말처럼 뇌에는 '빚'이라는 이미지가 각인된다. 본질적으로 당신이 원하는 것은 풍요이겠지만 당신의 뇌가 풍요의 이미지를 떠올리지는 않는다. 당신의 뇌에는 빚에 대한 이미지가 역암시되어, 계속 빚을 만들어야 하는 뇌가 되어간다.

이럴 때는 '빚'이 아닌 '풍요'를 머릿속에 떠올려야 한다. 가장 좋은 방법으로는 '나는 1,000억 원을 벌었다'와 같이, 자신의 능력으로는 평소에 상상도 할 수 없었던 금액을 벌어들였다고 말하며 통장에 그 금액이 들어있는 모습을 상상하는 것이 있다.

그러면 당신의 뇌는 부자가 될 수 있는 온갖 방법을 찾아 당신 앞에 펼쳐놓는다. 아주 쉽게 부자의 뇌가 만들어지는 것이다. 그럼 돈 버는 일이 얼마나 쉽게 느껴지는지, 그러한 기회가 얼마나 많은지 새삼 놀라게 된다.

택시를 통해 생각의 힘을 몸소 체험한 내 친구, 그는 지금 무슨 일을 하고 있을까? 그 친구는 배달 일을 그만두고 하고 싶어하던 온라인 방송을 하며 즐겁게 살아가고 있다. 참고 견디가며 살아야 하는 삶에서 벗어나 그동안 자신이 원해왔던 삶을 얻은 것이다.

뇌는 당신이 어떤 노력을 하는지 모른다. 무엇을 싫어하며 거부하는지 모른다. 그서 당신이 어떤 이미지를 떠올리고 있는지에 따라 프로그래밍될 뿐이다. 이건 마법이 아니다. 현실의 법칙이며, 성공하는 유일한 방법이다.

이제 조금씩 감이 올 것이다. 그동안 왜 그렇게 힘들었는지, 앞으로는 얼마나 수월하게 성공할 수 있는지 말이다. 어떻게 성공하게 될지 당신은 몰라도 된다. 뇌가 다 알아서 해줄 테니. 당신은 그저 통장에 얼마가 있으면 좋겠는지, 계좌에 돈이 찍힌 모습을 상상하기만 하면 된다.

1-6

기회를 포착하는
뇌의 구조

단체 회식처럼 시끄러운 장소에서 다른 사람이 내 이름을 불렀을 때 유독 그 소리에만 순간적으로 반응했던 경험이 있지 않은가?

심리학에서는 이를 '칵테일파티 효과'라 부른다. 칵테일파티처럼 시끄러운 상황에서도 본인이 흥미를 갖는 이야기예를 들어 본인의 이름는 들을 수 있는 현상이다.

이처럼 인간은 자신에게 의미 있는 정보만을 무의식적으로 선택하여 받아들인다. '선택적 지각'이라고 불리는 이 현상에 관련된 뇌과학 원리를 알아보자.

눈앞에서 사람이 바뀌어도 모른다

2008년 EBS가 방영한 다큐멘터리 「인간의 두 얼굴」에서는 재미있는 실험 하나가 진행됐다. 연구진은 병원 진찰실에 방문한 환자실험 참가자들에게 문진표를 작성하도록 했다. 동시에 환자 앞에 마주 앉은 의사가 그들에게 건강과 생활습관에 대한 질문을 하도록 했다.

재미있는 건 여기서부터다. 환자가 문진표를 작성하는 중에 의사는 의도적으로 볼펜을 책상 아래로 떨어뜨렸다. 의사는 볼펜을 줍기 위해 책상 아래로 들어갔다. 그리고 볼펜을 주운 뒤 다시 의자에 앉는데, 앞선 의사와 다른 사람이었다.

책상 아래에 숨어있던 다른 의사가 원래 의사 행세를 하는 것이었다. 두 의사는 생김새도 목소리도 달랐다. 심지어 의사 가운 안에 입은 셔츠의 색도 달랐다. 이때, 실험 참가자들은 어떤 반응을 보였을까?

모든 참가자들은 의사가 바뀌었다는 사실을 인지하지 못했다. 책상 밑에 숨어있던 의사가 위로 올라와 질문을 하자, 그들은 의사의 얼굴을 확인하고도 바뀐 것을 인지하지 못한 채 순순히 답을 했다.

아무리 그들이 문진표 작성에 집중했다고 해도 눈앞에서

일어난 명확한 변화를 감지하지 못한 건 신기한 일이다.

심지어 의사가 두 번 바뀌어도 실험 참가자들은 이를 알지 못했다. 실험이 끝나고 이 사실을 알게 된 참가자들은 당황했다. 그도 그럴 것이 자신의 눈으로 직접 그들과 얘기를 나눴는데 모두 동일 인물이라 생각했기 때문이다. 작성하고 있는 문진표에 집중해있었기에 바로 앞의 사람이 바뀌어도 인지하지 못한 것이다.

다큐멘터리는 해당 실험 후 서울대 심리학과 최인철 교수의 해석을 들려준다. 그는 "내가 어떤 것에 주의를 기울이고 있으면, 그밖에 주의를 안 기울이고 있는 다른 것들은 결과적으로 못 본 것이나 다름없다. 내가 뭔가를 보고 있다는 말은 다른 것을 못 보고 있다는 뜻이다"라고 말했다.

위 실험대로라면 우리의 일상은 우리가 보고 느끼는 것이 전부가 아니다. 우리의 뇌는 감각기관으로부터 들어오는 대부분의 정보를 아예 인지하지도 못할 수준으로 필터링하고 있다.

우리 뇌가 오감을 통해 순간순간 받아들이는 정보의 양은 얼마나 될까? 시각, 청각, 후각, 촉각, 미각 등 모든 감각 정보를 단어로 표현하면 무려 초당 1,100만 개 정도다. 지금 당신이 이 문장을 읽는 순간에도 1,100만, 2,200만, 3,300만……

약 3초의 시간 동안 이렇게나 많은 정보가 당신의 감각기관으로 들어갔다.

그러나 이 중에서 당신의 뇌에 저장되는 것은 초당 40개 정도의 정보뿐이다. 뇌의 필터링을 거친 결과다. 만약 당신의 뇌가 열심히 사는 데에만 집중하고 있다면, 성공에 필요한 정보들은 거진 모두 필터링되고 있다고 봐도 무방하다.

매 순간 수천만 개의 정보가 들어온다는 사실을 되새겨보자. 그것만 봐도 우리의 뇌는 엄청난 가능성을 지니고 있다. 다만 뇌는 현재 집중하고 있는 것을 기준으로 정보를 받아들인다. 때문에 우리는 뇌의 필터링을 적절하게 조율하는 방법, 즉 뇌를 잘 사용하는 방법을 알아야 한다.

선택적 지각 유도하기

칵테일파티 효과가 의도하지 않은 선택적 지각의 결과라면, 의도적으로 선택적 지각을 유도할 수는 없을까? 결론부터 말하면 이 역시 우리의 뇌를 사용하는 방법을 알면 가능하다.

하버드 의대 법·뇌·행동센터장이자 '뇌과학자들의 뇌과학자'라고 불리는 리사 펠드먼 배럿Lisa Feldman Barrett은 "우리의 뇌는 생각하거나 느끼려고 있는 것이 아니라 오직 신체의 에너지를 컨트롤하기 위해 진화한 '예산 관리기관'이다"라고 말한다. 즉 뇌는 오로지 생명을 온전히 유지시키는 데 집중하는 것이다.

그리고 놀랍게도 이 예산 관리기관은 우리가 자주 생각하는 것을 '사람의 생명유지에 가장 중요한 것'으로 인식하는 기능이 있다. 자주 생각하고 있는 것에 관련된 것만 보고 듣고 느낄 수 있도록 자신을 세팅하는 것이다.

뇌의 선택적 지각을 유도하는 방법은 아주 간단하다. 내가 원하는 것에 대한 생각으로 뇌를 가득 채우는 것이다. 당신의 뇌에 '부와 성공에 대한 생각'을 계속해서 주입하면, 당신의 뇌는 부와 성공에 대한 정보들을 느끼고 집중하고 기억하기 시작할 것이다.

당신이 해야 할 일은 단 한 가지다. 끊임없이 원하는 생각을 하는 것이다. 그러면 당신의 뇌는 당신이 원하는 아이디어, 원하는 상황, 원하는 사람을 당신에게 보여주기 시작할 것이다. 어디서 갑자기 튀어나오는 게 아니라 원래 당신의 주변에 있던 것들을 뇌가 보여주는 것이다.

도중이 아닌 결과를 생각하라

인간의 뇌에는 '망상활성계Reticular Activating System, RAS'라는 조직이 있다. 이름을 보면 알 수 있듯 망상활성계는 우리가 어떠한 상상을 할 때 상상에 대한 감각적 경험이 이뤄지는 곳이다. 동시에 망상활성계는 외부 감각기관에서 수용되는 모든 정보를 필터링하는 역할을 한다.

망상활성계가 어떤 정보를 받아들일지 필터링하는 기준은 '현재 망상활성계에 강하게 자리 잡고 있는 정보가 무엇인지'다. 망상활성계는 자신이 담고 있는 정보와 유사한 정보들을 취사선택하여 우리의 자아가 인식할 수 있도록 전달한다. 칵테일효과는 이러한 망상활성계의 특징으로 인해 발생하는 것이다.

망상활성계에 담겨있는 정보가 상상에서 비롯된 것인지 외부 감각기관에서 전해진 것인지는 중요하지 않다. 망상활성계는 진짜와 가짜를 구분하지 않고 필터링의 기준을 세운다. 사실 뇌 어디에도 진짜와 가짜를 구분하는 기관은 존재하지 않는다.

일례로 하버드 대학교에서는 망상활성계가 각종 과제 수

행력에 미치는 영향에 대한 연구를 진행한 바 있다. A, B 두 그룹으로 나누어진 실험 참가자들에게는 일처리의 정확도를 요구하는 동일한 과제가 주어졌다. 그런데 A그룹은 과제를 수행하기 전 '과제를 성공적으로 수행한 자신'의 모습을 상상하는 과정을 거친 후 과제를 했고 B그룹은 그냥 과제를 했다.

결과는 어땠을까? A그룹은 100%에 가까운 정확도로 과제를 수행한 반면, B그룹은 55%의 정확도를 기록했다. 과제를 하기 전 성공적인 결과를 상상한 것이 두 그룹간에 성과 차이를 만들어낸 것이다.

이와 관련해 우리가 하루에도 수백 번 쓰는 컴퓨터 마우스의 더블 클릭과 오른쪽 클릭 개념을 만들어낸, 마이크로소프트의 전설적인 개발자 나카지마 사토시는 그의 저서 『오늘 또 일을 미루고 말았다』에서 이렇게 이야기한다.

"업무 시작 전 자신이 일을 효율적으로 마친 모습을 상상하면 정말 그렇게 됩니다."

그의 책에서 망상활성계가 언급되지는 않았지만, 업무 개시 전 상상을 통해 뇌의 잠재능력을 끌어올리는 방법을 그도 경험적으로 알고 있는 것이다.

여기서 우리가 주목할 것은 성공적인 결과를 상상했다는

것이다. 과제를 처리하고 있는 '도중'의 모습이 아닌, 이미 과제를 성공적으로 완수한 '결과'를 떠올렸다. 그 결과 망상활성계는 과제를 성공적으로 완수하는 데 필요한 정보를 더욱 용이하게 받아들였고, 뇌 또한 그런 방향으로 작동했다.

뇌는 내가 상상한 이미지에 집중하지만, 그 이미지를 떠올린 나의 태도는 신경 쓰지 않는다. 그렇기에 우리가 진정으로 원하는 목적이 아닌 그것으로 나아가는 과정만 상상하면, 뇌는 우리로 하여금 그 과정 속에 계속해서 머물러있게 만들기도 한다.

예를 들어 내가 '열심히 일하는 도중'을 상상했다고 해보자. 그러한 상상에 함축되어있는 나의 태도는 당연히 '열심히 일해서 돈을 벌어 더 이상 일하지 않아도 되는 삶을 살겠다'이다. 그러나 뇌는 이처럼 상상 속에 함축된 의미는 신경 쓰지 않고 오로지 우리가 떠올린 이미지에 심취해 우리를 열심히 일하게 만드는 데 집중한다.

아이러니하게도 우리가 더 열심히 일하려면 우리는 계속해서 실패해야 하고 돈을 모으지 못해야 한다. 그렇기에 뇌는 성공하고 싶다는 우리의 바람과 달리, 우리가 실패하고 돈을 모으지 못하도록 우리를 은밀하게 조종한다. 이 모두 잘못된 이미지를 상상했기 때문이다.

유재석을 성공으로 이끈 기도

대한민국에서 열심히 노력해 성공한 사람을 꼽으라면 연예인 유재석을 빼놓을 수 없다. 그는 지독하게 힘든 무명생활을 이겨내고 2005년 KBS 연예대상을 시작으로 지금까지 20년 넘게 최고의 MC로서 입지를 다지고 있다.

유재석은 신인 때부터 입담이 좋아 동료 개그맨들 중에서 가장 웃긴 사람이었다고 한다. 그런데 카메라 울렁증이 있어 방송에서는 재밌게 하지를 못했다. 카메라가 돌아가면 단 한 마디의 대사도 기억이 안 났다고 한다. 춤 실력도 좋아 동료들에게 열심히 춤을 가르쳐서 무대에 올라갔지만 본인만 춤을 틀렸다고 한다.

지금 보면 너무 웃기지만 그때의 유재석은 가망이 없는 방송인이었다. 당시 유재석은 동료 연예인들에게 '방송이 너무 힘들다'라고 말했던 것으로 알려져있다. 그의 머릿속에는 '방송은 어렵다, 방송은 힘들다'라는 생각이 가득했던 것이다.

그렇게 신인 개그맨에서 무명 개그맨으로 밀려나 진지하게 방송을 포기할지 말지 고민했을 무렵, 그는 이렇게 기도했다고 한다.

'정말 단 한번만 저에게 개그맨으로서 기회를 주신다면, 소원이 이루어졌을 때 초심을 잃고 만약에 이 모든 것이 혼자 얻은 것이라고 단 한번이라도 그렇게 생각한다면, 어떤 큰 아픔을 받더라도 저한테 왜 이렇게 가혹하게 하시냐고 원망하지 않겠습니다.'

이 기도의 내용을 잘 살펴보면 그 중심에 '자신이 성공한 모습'이 담겨있는 것을 알 수 있다. '이 모든 것이 혼자 얻은 것이라고 단 한번이라도 그렇게 생각한다면'이라는 구절은 구절의 맥락과 관계없이 구절을 외울 때마다 자신이 성공한 모습을 상상하게 한다.

성공의 이미지도 매우 구체적이다. 내가 성공했을 때 맞이하게 될 영광을 내가 독차지할지, 타인에게 돌릴지 고민하는 것은 망상활성계에 성공한 자신의 이미지를 강하게 심어놓는다. 유재석은 아마도 이 기도를 할 때마다 연예시상식에서 '여러분의 도움으로 성공했다'라고 말하는 자신의 모습을 떠올렸을 것이다.

이런 상상을 하면 그의 머릿속에서 '방송이 힘들다'와 같은 생각은 내쫓길 수밖에 없다. 그는 간절한 기도로 자신의 뇌를 바꾸어 성공을 이룩한 것이다. 그리고 그 기도의 중심에는 성공한 자신의 이미지가 있었다. 만약 기도의 내용이 '힘들어 죽겠습니다. 도와주세요. 더 열심히 살겠습니다'와 같은 것들이었다면 그는 결국 방송을 포기하게 됐을 것이다.

보이지 않던 자동차가 보이다

나는 성공을 상상하기 시작한 뒤 10개월 만에 8억 원 이상의 매출을 달성했다. 나는 돈을 벌자 곧바로 가장 가지고 싶었던 자동차였던 제네시스를 장기 렌트했다.

그때 나는 돈을 번 것만큼이나 놀라운 경험을 했다. 제네시스를 타고나서부터 온통 내 차와 같은 차들만 보이는 것이었다. 아마 차를 사본 사람은 알 것이다. 평소에 보이지 않던 내 차와 동일한 차량들이 눈에 들어오는 것을. 이는 당신의 뇌가 당신의 차와 관련된 정보에 집중하게 됐기 때문이다.

놀라운 경험은 여기서 그치지 않았다. 나는 친구와 '1,000억 원을 벌면 어떤 차를 탈까?'에 대한 얘기를 하다가 친구의 드림카가 람보르기니 우루스라는 이야기를 들었다.

사실 그전엔 그런 차가 있는지도 몰랐는데, 사진으로 그 차를 처음 본 나는 한눈에 반해 그 차의 문을 열고 핸들을 잡는 상상을 했다. 그런데 그날 바로 파란색 우루스를 길에서 마주하게 되었다.

우연이었을까? 아니다. 뇌과학이다. 아마 평소 나의 뇌는 우루스가 옆에 지나가도 관심이 없으니 필터링했을 것이다. 그 뒤로는 그 차가 내 눈에 자주 보인다. 주차장에서도, 식당에서도, 산책길에서도 말이다. 유튜브 알고리즘은 우리가 관심을 두는 분야와 관련된 영상들만 보여준다. 우리 뇌의 메커니즘도 이와 비슷하다.

만약 당신이 남의 험담, 뒷담화, 부정적 이야기를 계속 접하게 된다면 점점 더 그와 관련된 것들만 보이게 될 것이다. 삶이 피곤해지는 것은 당연하다.

반대로 자신이 성공한 미래를 계속 상상하다보면 기분이 좋아진다. 또한 그렇게 성공할 방법들이 보이게 된다. 이건 미신이 아니다. 과학적 원리이다.

방법이 보이니 신이 나고, 신이 나니 성과가 오르고, 성과가 오르니 더욱 힘이 난다. 잠을 줄여가며 억지로 노력할 필요도 없다. 시간이 가는 줄도 모르고 일하게 된다. 누구는 졸린 잠을 참고, 힘들어도 버티며 노력하지만 당신은 아이디어가 계속 나와서 잠이 안 온다. 아이디어가 계속 나오니 오히려 깨어있는 게 너무 행복하다.

본인 스스로의 능력으로 돈을 벌어 통장에 1,000억 원이 있다고 상상해보자. 그거면 충분하다. 통장에 실제 그 금액이 들어있다고 상상하며 '나는 1,000억 원을 벌었다'라고 입 밖으로 선포하자.

처음부터 완벽히 믿어지지는 않을 것이다. 그렇지만 그냥 믿는 것이다. 뇌는 진짜와 가짜를 구분하지 못한다고 말했을 것이다. 그러니 계속 믿어진다고, 실제로 다 이루어졌다고 선포하자. 그러다보면 망상활성계에 그 정보가 담겨 관련된 정보가 들어오기 시작하고 이내 성공이 눈에 보이게 될 것이다.

당신이 이 책을 만나게 된 것, 이 책을 읽고 성공하게 되는 것은 우연이 아니다. 당신은 성공을 갈망했고 진정으로 성공하는 방법을 찾고 있었기 때문에 이 책을 들게 된 것이다.

1-7

실전보다 상상이
효과적이다

수영 황제라 불리는 사내가 있다. 세계 대회에서 그가 획득한 금메달만 50여 개. 평생 올림픽 하나만을 목표로 훈련하는 경쟁 선수들에게 큰 좌절감을 안겨주는 기록이 아닐 수 없다. 살아있는 전설인 마이클 펠프스는 올림픽 역사상 유일하게 한 올림픽 대회에서 8개의 금메달을 딴 기록도 갖고 있다.

그는 2008년 베이징 올림픽에서 금메달 8개를 획득했다. 베이징 올림픽 중간에 메달 집계를 해보니 '1위 중국, 2위 미국, 3위 독일, 4위 호주, 5위 마이클 펠프스'라는 경과가 나오기도 했다. 신기록 수립은 세계 신기록 7개, 올림픽 신기록 1개를 기록했다.

세계 신기록을 세운 상상 훈련

키에 비해 다리가 짧고 큰 손발을 지닌 펠프스의 신체 스펙은 수영에 최적화되어있다. 그러나 그가 수영에 유리한 조건만 지니고 있던 건 아니었다. 그에게는 어려서부터 ADHD주의력 결핍 과잉행동장애 판정을 받을 정도로 감정기복이 심하다는 문제가 있었기 때문이다.

그럼에도 불구하고 펠프스의 수영 코치는 그가 세계 최고의 수영선수가 될 것이라 믿었다. 펠프스가 감정만 잘 조절할 수 있어도 큰 성취를 이루리라 본 것이다. 그래서 코치는 그에게 잠자기 전과 일어난 후 완벽하게 수영을 하는 상상을 하라고 가르쳤다.

그 말을 들은 펠프스는 슬로우 모션으로 완벽하게 수영을 마치는 상상을 하기 시작했다. 출발대의 서있는 모습, 물속으로 들어갈 때의 느낌, 벽을 짚고 턴을 할 때의 느낌, 마지막 도착해서 입술에서 물이 떨어지는 느낌까지 모두 완벽하게 떠올렸다. 그렇게 '상상 훈련'을 지속하자 상상으로 자신이 수영을 마쳤을 때의 기록까지 알 수 있을 정도가 되었다.

펠프스가 지속한 상상 훈련의 효과는 이후 엄청난 역량을 발휘하였다. 베이징 올림픽 남자 200m 접영에서였다. 경기 시작 신호와 함께 다이빙을 한 펠프스는 이상함을 감지했다. 그의 수경에 물이 들어온 것이다. 물속에서 수경에 의지해 시야를 확보하는 수영선수에게 이는 매우 치명적이었다. 수경을 고쳐 쓸 수도 없는 상황에서 그는 계속 앞으로 나아갔다. 마침내 3번째 턴을 할 때가 되니 흐릿하게 보이던 것조차 보이지 않게 되었다.

결국 펠프스는 눈을 감고 수영하기로 결정했다. 그는 눈을 감았고, 펠프스의 뇌는 그간 프로그래밍되어있던 대로 펠프스의 몸을 움직였다. 눈을 감았지만 그는 오히려 상상했던 모습 그대로 자신이 움직이고 있음을 알아차렸다.

그의 코치는 만약을 대비해 컴컴한 저녁시간 불을 켜지 않고 그를 훈련시킨 적도 있다고 알려져있다. 코치는 알고 있었을까? '결국은 뇌가 하는 것'이라는 사실을 말이다.

아무리 세계적인 선수라 하더라도 눈을 감고 접영의 막판 스퍼트를 하기는 어렵다. 그 속도로 얼굴을 벽에 부딪치게 된다면 큰 사고로 이어질 수 있기 때문이다. 하지만 펠프스는 상상했던 대로 거리를 측정했고 21번의 스트로크가 남았다고 판단한 뒤 막판 스퍼트를 했다.

물 밖에서 울려퍼지는 함성. 하지만 아무것도 보이지 않는 상태에서 펠프스는 그저 상상했던 대로 움직였다. 그는 마지막 스트로크를 하며 손을 앞으로 쭈욱 뻗었다. 그러자 정확하게 그의 손이 결승점에 닿았다. 상상 속 계산이 완벽하게 맞아떨어진 것이다.

펠프스는 물안경을 벗어던지고, 전광판을 바라보았다. 전광판 속 그의 이름 앞에는 'WR'이라는 글자가 빛나고 있었다. World Record! 세계 신기록이었다. 경기 후 소감을 묻자 펠프스는 웃으며 대답했다.

"정말 맹인이 된 듯한 기분이었다."

이후 펠프스의 전담 감독은 이런 이야기를 남겼다.

"수영 시합 전 펠프스는 상상 속에서 이미 절반 이상을 수영한 상태였다. 그의 머릿속에서는 모든 것이 자동으로 계획대로 진행되었다."

펠프스의 사례는 실제 훈련보다 상상 훈련의 효과가 더 크다는 점을 입증한다. 그에게 있어 실제 훈련은 상상 훈련을 진행할 때 필요한 소스를 공급해주는 일종의 정보수집 과정에 불과했다.

노력하지 말고 생각하라

우리는 그동안 집, 학교, 사회에서 '참아야 한다'라고 배웠다.

성공하는 유일한 방법은 끝까지 참아내는 것이라 알고 있기도 했다. 그러나 이는 잘못된 믿음이다. 성공은 참는다고 되는 것이 아니다.

자기계발 모임이나 독서 모임에 나가보기 바란다. 그곳에는 '열심히 사는 사람들'이 가득하다. 아는 것도 많고 뭔가 잘 사는 것 같지만 그들의 인생은 늘 피곤하고 힘들다. 왜 그럴까? 열심히 새로운 것을 탐구하는 것, 열심히 사는 것 자체가 그들의 목표이기 때문이다. 무엇을 위해 열심히 사는지도 잊은 채 열심히 사는 사람들이 수두룩하다.

그런데도 그 모임에서 벗어나지 못하는 이유는 그렇게라도 해야 조금이라도 나은 삶을 살 것처럼 느껴지기 때문이다. 그렇게 살지 않으면 도태될 것이라는 두려움이 심어진 것이다. 그러나 정작 제대로 크게 성공한 사람들은 독서모임이나 자기계발 모임 같은 곳에 나오지 않는다.

흔한 자기계발서에서는 성공한 사람들을 '열심히 산 사람들', '의지력의 한계를 돌파한 사람들'이라 평한다. 그러나 그렇지 않다. 성공한 사람들은 하나같이 '성공만 생각한 사람들'이다. 뇌를 자신이 원하는 목표로 프로그래밍시킨 사람들이다.

그들의 노력은 프로그래밍된 뇌가 내리는 명령에 자연스

럽게 따른 결과일 뿐이다. 남들에게는 지옥같이 힘든 시련도 그들은 전혀 의지력을 소모시키지 않고 해낸다. 그것이 성공의 비결이다.

펠프스 또한 수영에 타고난 신체조건을 지녔어도 훈련을 게을리했다면 실패할 수 있었다. 어려운 훈련을 이겨냈다고 해도 그로 인해 수영이 하기 싫어졌다면 실패할 수도 있었다.

그러나 수영은 그에게 힘든 것이 아니었다. 펠프스는 인터뷰 중에 이렇게 말했다.

"저는 오늘이 무슨 요일인지 몰라요. 날짜도 몰라요.
전 그냥 수영만 해요."

국내에서는 이 말이 마치 유머처럼 돌아다니기도 한다. 그러나 이는 단순한 웃음의 소재가 아니다. 그가 얼마나 노력했는지를 보여주는 일화도 아니다. 이것은 머릿속에 목표 외에 다른 생각은 전혀 없는 상태의 전범典範이다.

그의 머릿속에는 오직 수영, 수영만 가득했던 것이다. 그렇기에 그는 수영을 하지 않을 수 없었다. 수영은 그에게, 아니 그의 뇌에게 숨을 쉬듯 아주 자연스러운 행동이었다.

2장

우리의 행동을 지배하는 뇌

2-1

다이어트를 하면
살이 찌는 이유

새해가 되면 누구나 하는 결심, 바로 다이어트다. 우리는 '올해는 꼭 살을 빼야지' 또는 '올해는 진짜 술을 줄여야지' 같은 생각을 하며 새해를 맞이한다.

그러다 TV 광고에서 다이어트 약과 운동 기구를 보기라도 하면 홀린 듯 그것들을 구매한다. 그 순간에는 다이어트 의지가 굉장히 샘솟는다. 갖가지 다이어트 방법과 제품에 대해 알아보고 고민한다. 그렇게 하나에 딱 꽂혀 '나도 다이어트에 성공할 수 있다'라는 확신을 갖게 된다.

그렇게 홈트레이닝 상품이 집 한자리를 차지한다. 그러나 애석하게도 몇 주 후 그 홈트레이닝 상품은 방구석에 그대로 처박혀있곤 한다. 거울에는 살이 더 붙은 나의 모습이 보인다. 결국 쓰지도 않을 물건을 구매한 돈이 아까워 울며 겨자

먹기로 홈트레이닝 상품을 중고 마켓에 판매하기도 한다. 동시에 스스로를 의지박약이라며 비하한다.

의지력 부족 때문이 아니다

많은 이들이 다이어트를 시작하고 고칼로리 음식의 섭취를 제한한다. 예를 들어 평소 즐겨먹던 초콜릿을 멀리하는 식이다. 그러나 그럴수록 내면의 목소리는 음식을 먹으라고 부추긴다. 매일 같이 유혹과 거부가 반복된다. 여기에는 상당한 의지력이 소모된다.

이러한 음식 거부, 즉 의지력을 사용한 노력이 언제까지 지속될 수 있을까? 결국 의지력은 바닥나기 마련이다. 그러면 생활습관은 원래대로 돌아오고 요요현상이 찾아온다. 그리고 다시 다이어트를 시작한다. 악순환의 반복이다.

'다이어트는 정말 간단하다. 덜 먹고 많이 움직이면 된다!' 아직도 이 논리가 맞다 생각하는가? 이 말은 '부자가 되고 싶으면 오늘 하루를 열심히 살면 된다!', '남들이 하기 싫은 일을 해야 성공한다!'와 같은 말이다.

어떤 이들은 자신의 의지력 부족을 극복하고자 '넛지Nudge'

와 같은 행동과학 이론을 활용하기도 한다. 헬스장에 가는 것은 힘들지만 집 현관에서 운동화를 신는 것은 쉬우니, 우선 운동화부터 신으면 금세 헬스장에 가고 싶어질 것이라는 식이다.

일리는 있다. 하지만 사람들은 금방 현관에서 운동화를 신는 것도 귀찮아하게 된다. 우리는 절대 자신의 뇌와 싸워 이길 수 없다. 싸움의 시간이 길어질수록, 즉 어떤 행동을 유지해야 하는 기간이 늘어날수록 우리가 질 확률은 높아진다. 자신의 뇌를 억누르고 계속 그 상태를 유지한들 뇌만 망가지기 때문이다. 뇌가 망가졌는데 의지를 발휘할 수 있을까? 그렇기에 의지력에 기댄 다이어트는 실패한다.

이제 자신을 비하하지 말자. 사실 당신이 다이어트에 계속 실패하는 이유는 의지박약이라서 그런 것이 아니다. 다이어트를 비롯해 당신이 무언가를 하기로 작정했을 때 오래 지속하지 못하는 이유는 뇌를 사용하는 방법을 몰랐기 때문이다.

다이어트에 성공하기 위해서는 결국 뇌를 바꿔야 한다. '건강하고 멋있는 자신의 모습'을 계속해서 상상하면 우리의 뇌가 그 상상을 실현시킬 수 있는 방법을 찾아낸다. 그렇게 하면 우리의 의지로 뇌의 욕망을 이겨낼 필요 없이, 스트레스를 받을 필요 없이 살을 뺄 수 있다.

뇌를 지배하는 내면언어

기본적으로 우리의 뇌는 생존을 위해 에너지 소모는 줄이고, 음식은 더 먹도록 세팅되어있다. 그런데 만약 살을 빼기 위해서 이러한 세팅값과 반대로 '먹으면 안 돼'와 같은 생각을 하면 뇌 안에서는 어떤 일이 벌어질까?

머릿속에는 음식을 먹지 못해 전전긍긍하는 우리의 모습이 떠오른다. 이것을 뇌는 오히려 먹을 것이 부족해 생존에 위협을 받는 상황으로 인식하여, 우리가 무엇이든 더 먹게 만든다. 동시에 뇌는 언제 위기가 닥칠지 모르니 에너지 소모를 최대한 줄이고 지방 축적량을 늘리는 호르몬을 왕창 분비시킨다. 어떻게든 우리의 움직임을 줄여 살을 온존하게 만드는 것이다.

이러한 뇌의 반작용은 '내면언어' 때문에 생겨난다. 내면언어란 뇌가 우리의 사고와 행동을 알아듣는 해석 방식을 가리킨다. '살을 빼야 한다'라는 우리의 의사를 뇌는 '살이 빠지면 안 된다'라고 알아들은 것처럼, 내면언어는 언어의 구사 방식에 따라 우리의 의지와 반대로 형성되기도 한다.

내가 강의에서 '생각을 해야 한다'라고 강조하면 종종 '저는 생각만 하고 실천은 안 해요'라고 말하는 사람들이 있다. 그러나 잘 들여다보면 이들은 '안 할 생각'을 하고 있는 경우가 많다. '시작하면 계속해야 하는데……' 또는 '했다가 실패하면 어떡하지?'와 같은 생각을 하고 있는 것이다. 이런 생각은 뇌에서 '하면 안 된다'라는 내면언어로 해석될 뿐이다.

연인과 사랑을 시작할 때는 방귀 소리도 귀엽다. 뭘 해도 사랑스럽다. 하지만 싸우거나 마음에 안 드는 부분이 있으면 그 순간엔 '사랑한다'라는 생각이 식는다. 그래도 다시 만나면 '사랑해야지'라는 생각을 하지만 결국 이별을 하게 된다. '사랑해야지'라는 생각이 '현재는 사랑을 안 하고 있다'라는 내면언어로 전환됐기 때문이다.

누구나 어떤 일을 처음 시작할 때는 열정을 가지고 있다. 그러다가도 일이 생각대로 되지 않으면 좌절하게 된다. 이때 '잘할 수 있어'와 같이 생각하면 그 순간은 운 좋게 극복해도 이후로는 그 일에 대해 흥미를 못 느낀다. 그렇게 결국 꿈꾸어왔던 성공과 이별을 하게 된다.

내면언어를 이해하면 다이어트 방법은 완전히 달라진다. 운동을 싫어하는 나의 뇌를 의지로 이기려 들지 말자. 반대로 나의 뇌가 운동을 좋아하도록 만들자. '나는 운동을 좋아한다. 그래서 활력이 넘친다'라는 생각을 반복해보자. 나가기 귀찮아 이불 속에 있을 때도 식사 후에 식곤증이 밀려올 때도 우선은 그냥 생각만 하는 것이다.

'나가고 싶다! 운동하고 싶다!' 이렇게 생각만 해도 뇌가 바뀐다.

혹은 '난 절대 안 나갈 거야. 그런데 나가서 맑은 공기 마시면서 운동하고 싶다'와 같이 말해도 된다. 의도적으로 자신의 의지와 뇌의 욕망을 반대로 배치했다. 나는 나가고 싶어하지만 그것이 억제되고 있는 것처럼 뇌를 속이는 것이다. 그럼 뇌는 나가고 싶은 욕망을 더욱 강하게 피워올린다.

'내가 언제부터 이렇게 운동을 좋아했지? 당장 나가서 운동하고 싶다.' 이 말을 책상 위 침대 위에 붙여놓고 계속 이야기하라. 그리고 자신이 운동하는 모습을 떠올려라. 정말로 나가지는 않아도 된다. 그냥 나가서 운동하는 상상을 하는 것만으로도 뇌는 그것을 중요한 것으로 인식한다. 실제로 실행해보면 알겠지만 이렇게 말하고 상상하는 작업은 그 자체로도 상당한 에너지를 소모시키며, 실제 기초대사량을 높이는 기적 같은 변화를 가져온다.

시간이 지날수록 당신은 스스로에 대해 '운동을 좋아하는 사람'이라는 이미지를 갖게 될 것이다. 그렇게 뇌가 완전히 프로그래밍되면 이제는 집안에서 운동을 안 하고 있는 것이 고통스러워진다.

운동이 좋다는 말을 계속 되뇌는 것만으로도 우리의 뇌는 바뀔 수 있다. 운동이 좋다고 말할 때 가동되는 내면언어는 왜곡 없이 그대로 뇌에 전달되기 때문이다. 이처럼 언어를 고려하면 힘들지 않게 다이어트를 할 수 있다.

정말로 운동을 좋아하게 되다

과거 나는 다이어트에 대한 고민을 잊고 돈 버는 데만 집중하고 싶어서 지방흡입을 선택한 적이 있다. 즉시 2~3kg 정도가 빠지고 확실히 배가 얇아진 것을 경험했다. 이후 나는 다시 돈 버는 생각에 집중했다.

그런데 3개월이 흐르고 보니 내 허리둘레는 더 두꺼워져 있었고 몸무게도 전보다 더 무거워져있었다. 나의 뇌가 내 몸을 원상복구시킨 것이다. 건강검진 결과도 중성지방 수치가 414로 꽤 높게 나왔다. 당뇨 전 단계이므로 지속적으로 관리가 필요하다는 것이 의사의 소견이었다.

얼마 뒤 필리핀으로 여행을 다녀왔는데 거기서 찍은 사진 속 내 모습에 나는 더 큰 충격을 받았다. 너무나 뚱뚱하고 둔해보였기 때문이다. '생각을 변화시키면 돈도 많이 벌고 원하는 걸 다 이룰 수 있습니다!'라고 가르치고 다니는 사람이, 자신은 정작 뚱뚱한 몸을 이끌고 땀을 흘리며 강의하는 모습을 생각하니 끔찍하기 그지없었다.

나는 돈 버는 생각을 해서 돈을 벌었던 것처럼, 건강 역시 생각하는 대로 되리라고 믿었다. 그래서 이번에는 나의 살찐 몸을 가지고 실험해보기로 했다. 평소에 하던 돈을 벌었다는 생각에 아래와 같이 운동하고 싶다는 생각을 추가했다.

'나는 1,000억 원을 벌었고, 건강하고 활력이 넘친다.

나는 운동을 좋아한다. 너무 운동하고 싶다.'

처음엔 실제로 운동을 하지 않았지만 '운동하고 싶다', '운동하니까 좋다'와 같은 생각을 반복했다. 그렇게 열흘 정도 지나자, 놀랍게도 동네 하천을 걷고 뛰고 싶다는 생각이 들었다. 그래서 걷고 뛰었다. 운동하고 싶다는 내면언어가 이끄는 대로 즐겁게 운동을 했다.

운동을 할 때도 '너무 좋다', '건강하니까 좋다', '운동하니까 좋다'라는 생각을 했다. 다소 힘들 때도 '근육이 생기는 느낌이 너무 좋다'라고 생각했다. 그 뒤로 거의 매일 운동을 했다. 지금은 달리기에 더해 추가로 헬스장을 다니고 있다.

내 강의를 들은 많은 사람들이 똑같은 경험을 하고 있으니 당신도 도전해보기 바란다. 정말로 운동은 안 하고 생각만 해도 된다. 운동이 하고 싶은 마음이 들지 않을 땐 하지 말아야 한다. '운동하고 싶다', '활력이 넘친다', '지금 나가자'라는 생각을 하는 것만으로도, 뇌는 우리 신체에 연결되어있는 신경을 활성화시켜 몸을 건강하게 만든다. 생각만으로도 얼마든지 건강해질 수 있는 것이다.

또 그러다보면 뇌가 내 몸에 에너지를 불어넣어 운동을 하고 싶게 만들어준다. 정말 생각만으로 운동이 좋아질 수 있는지 궁금하지 않은가? 일단 해보자. 이것을 성공시킬 수 있다면 당신이 원하는 그밖에 모든 것도 이룰 수 있다. 왜냐하면 당신은 이미 뇌를 완벽하게 사용하는 경험을 겪어봤기 때문이다.

에너지를 분배하는
뇌의 역할

'나는 운동을 좋아한다'라고 생각하면 뇌는 실제로 운동을 좋아하게 만들어준다. '나는 운동을 좋아한다'라는 생각이 어떠한 내면언어로 전환됐기에 그런 걸까? 이 부분을 알기 위해서는 우선 '뇌의 에너지 분배 기능'부터 살펴봐야 한다.

생존에 중요한 순서대로 분배한다

뇌의 가장 기본적인 역할 중 하나는 우리 몸의 에너지를 어디에 얼마만큼 사용할지 분배하는 기능이다. 뇌가 특정 활동에 많은 에너지를 분배해주면 그 판단은 우리의 의지에도 영향을 미쳐 그 활동을 할 의욕이 충만하게 된다. 반대로 뇌가 특정 활동에 에너지를 분배해주지 않으면 우리는 그 활동을 하기가 싫어진다.

이때 뇌가 에너지를 분배하는 기준은 '생존에 중요한 순서'다. 특정 활동이 생존에 중요하다고 판단될수록 뇌는 그 활동에 많은 에너지를 분배하는 것이다.

'나는 운동을 좋아한다'라고 생각하니 실제로 운동이 좋아진 것은, '나는 운동을 좋아한다'라는 생각이 '운동이 생존에 중요하다'라는 내면언어로 전환되었기 때문이다. 뇌는 이것을 받아들여 운동에 많은 에너지를 분배해줬고 우리는 운동이 좋아졌다고 느끼게 됐다.

그렇다면 '나는 운동을 좋아한다'라는 생각은 왜 '운동이 생존에 중요하다'라는 내면언어로 전환됐을까? 여기에는 또 한 가지 뇌의 중요한 특징이 결부되어있다. 바로 반복해서 생각하는 대상을 생존에 중요한 존재로 인식하는 것이다.

인간의 유전자가 형성된 수백만 년의 원시시대 동안, 험난한 자연과 위험한 맹수로부터 생존하기 위해 인간이 지닌 무기는 '생각'뿐이었다. 문명이 들어서기 전까지, 인간이 어떤 생각을 한다면 그것은 대부분 생존에 관련된 것들이었다. 그렇기에 우리의 뇌는 '우리가 자주 생각하는 것은 생존에 관련된 것'이라는 판단을 내리도록 진화한 것이다.

빙하기의 원시인들은 자신들을 괴롭히는 추운 자연환경에서 벗어나는 것을 계속 생각했다. 그러다보니 뇌는 그것이 생존에 중요하다고 여기게 되었고 따듯한 주거 환경을 갖추는 데 에너지를 사용하도록 분배했다. 또 원시인들은 식량 확보에 대해서 계속 생각했다. 그러다보니 뇌는 그것이 생존에 중요하다고 여기게 되었고 효과적인 사냥 도구를 만드는 데 에너지를 사용하도록 분배했다.

보다 쉬운 예시로, 국내에서 영어 공부를 하면 잘되지 않다가 해외에서 살면 자연스레 영어를 익히게 되는 경우가 있다. 우리나라에 살면 영어가 생존에 필요할 정도로 중요하지는 않다. 영어로 의사소통을 하지 않아도 먹고사는 데 아무런 지장이 없는 것이다. 하지만 해외에서 영어를 모르면 곧바로 먹고사는 데 지장이 생긴다. 마트에 가서 장을 볼 때도 취업을 할 때도 영어가 필수다. 이 때문에 뇌는 영어를 계속해서 생각하고 영어가 생존에 필수적이라고 인지하여 영어를 더 빠르게 익히고 잘 잊지 않게 되는 것이다.

이처럼 뇌는 계속해서 생각하는 것을 생존에 중요한 것이라 여기고, 또 생존에 중요한 것에 모든 에너지와 사고력을 집중하도록 진화했다. 이러한 지점을 이해하고 있다면 운동을 떠나 뭐든지 하고 싶은 게 생겼을 때 그에 대한 생각을 반복적으로 해야 한다는 점을 이해할 수 있을 것이다.

최근 살이 쪄서 고민이라면 '운동을 하니 좋다'라는 생각을 반복하면 된다. 그러면 자연스레 운동을 할 때의 이미지와 감각을 떠올리게 될 것이고 운동이 생존에 중요하다는 내면언어가 생성된다. 이것은 우리의 뇌에게 '나 여기다가 에너지 예산 좀 편성해줘'라고 요청하는 것과 다름없다.

그러면 운동을 할 수 있는 에너지가 생기면서 묘하게 운동이 하고 싶어진다. 뇌는 에너지를 분배해줬을 뿐인데 우리의 기분까지 바뀌는 것이다. 이것은 우리의 의지가 뇌의 판단에 종속되어있기 때문이다.

반대로 우리가 '운동해야 하는데 어떡하지'나 '운동하기 귀찮네'와 같은 생각을 하고 있으면, 머릿속에는 운동을 안 하고 방에 누워있는 이미지가 떠오른다. 그러면 '운동을 안 하는 것은 생존에 중요하다'라는 내면언어가 형성되어, 뇌가 운동에 에너지를 분배하지 않도록 프로그래밍된다.

응용 방법도 단순하다. 하고 싶은 것이 있다면 '그것을 하니까 좋다'라고 반복해서 말하며, 그것을 잘해낸 자신의 모습을 계속 상상하면 된다. 너무 간단하지만 그 효과는 여태 겪어보지 못한 놀라운 경험으로 이어질 것이다.

뇌는 생존하기 위해 중요한 것이 무엇인지를 끊임없이 판단한다. 이때 우리가 무언가를 하고 싶다는 생각을 반복하면 뇌의 생존 판단에 영향을 미치는 내면언어를 만들어낼 수 있다. 그러면 뇌는 그 행동을 할 수 있는 에너지 예산을 충분히 집행해주고 활력을 만들어줄 것이다.

나는 영화를 봐도 TV드라마를 봐도 30분 이상 집중하지 못하는 사람이었다. 그런 내가 '나는 1,000억 원을 벌었다'라는 말을 입버릇처럼 하자 내면언어가 바뀌었고, 정말로 돈을 벌기 시작했다. '나는 운동이 좋다'라는 말을 반복하자 정말로 운동이 좋아져서 남부럽지 않은 건강을 갖게 되었다.

지금도 내게 무엇인가 해야 할 일이 생기면 '나는 그것을 하고 싶다'라는 말을 반복하며 그것을 완벽하게 성공시키고 큰 성취감을 맛보는 생각을 계속한다. 그럼 어느새 나는 또 그것에 몰두해있다.

건강에 에너지를 분배하라

어떤 일을 해야 하는데 계속 미루게 되는 이유는, 뇌가 '그것은 나의 생존에 중요하지 않아'라고 여기고 있기 때문이다. 영어 공부를 미루고 있다면 '나는 영어를 잘한다'라는 생각을 하라. 지금 당장 공부는 하지 않아도 된다. '나는 영어를 잘

한다'라고 생각하고 있으면 뇌가 나에게 영어 공부를 할 힘을 줄 것이다.

또한 뇌 자체도 영어에 관련된 정보를 습득하는 데 집중하게 된다. 그러면 영화 속 영어 대사나 지나가는 외국인의 대화를 통해서도 영어 공부가 이뤄지게 된다. 결국 영어를 잘할 수밖에 없는 삶을 살게 된다.

건강 또한 마찬가지다. 건강하지 않은 사람들은 그들의 뇌가 건강에 충분한 에너지를 분배하고 있지 않을 확률이 높다. 그들의 뇌에 '건강해선 안 된다', '건강할 필요가 없다'라는 내면언어가 전달되고 있는 것이다. 이때는 어떠한 노력을 해도 건강도, 풍요도 온전히 내 것으로 만들 수 없다.

이런 이들은 평소 자신이 어떠한 말과 생각을 하는지 점검해볼 필요가 있다. '아프면 어떡하지', '이러다 큰 병에 걸릴 거야'와 같은 건강에 대한 과도한 걱정은 오히려 뇌에 자신의 건강이 악화된 이미지를 심어준다. 그러면 뇌는 실제로 건강에 좋지 못한 선택을 하게 된다. 그러면 기운 없이 누워있거나 충분한 식사를 하지 못하는 등의 행동이 나타난다.

하버드대 심리학과 교수 엘렌 랭거Ellen Langer는 대형 호텔의 청소 노동자들을 대상으로 생각에 따른 건강의 변화에 대한 연구를 진행했다. 노동자들은 객실을 청소하고 침대의 시트를 정리하는 등 이미 많은 양의 활동을 하고 있었다. 그러나 이들은 이러한 활동을 통한 건강상의 이득을 스스로 체감하지는 못하고 있었다.

연구진은 노동자들을 두 그룹으로 나누어 A그룹에게는 그들이 하는 일마다 얼마만큼의 열량이 소모되는지를 세세히 알려주었고 B그룹에게는 설명해주지 않았다.

4주 후, 두 그룹의 건강 상태를 비교해보니 B그룹에는 건강상의 변화가 없었지만 A그룹의 노동자들은 평균적으로 혈압이 10% 정도 줄었고 체중도 1kg 이상 감소되었다. 이것은 우리의 건강이 '활동량의 많고 적음'보다 '자신의 활동량을 어떻게 인식하느냐'에 더 많은 영향을 받는다는 것을 증명한다.

생각 훈련을 통해 뇌가 나의 건강에 에너지를 분배하도록 해야 한다. '나는 이미 건강해', '나는 매일 충분한 운동과 영양 섭취를 하고 있지'와 같은 생각은 '건강은 생존에 중요하다'라는 내면언어로 전환되어 뇌를 변화시킨다. 이렇게 프로그래밍된 뇌는 건강을 증진시키기 위한 각종 활동에 에너지를 분배하며 인체의 신진대사 자체도 건전한 흐름을 유지시킨다.

나 또한 스스로가 건강하다는 생각을 반복하여 기적적인 건강 증진을 이뤄냈다. 나는 온 가족이 모두 당뇨 이력이 있고 나 역시 당뇨 전 단계 판정을 받은 당뇨 고위험군 환자였다. 한때는 중성지방 수치가 414를 찍기도 했다. 500부터는 보통 췌장에 염증이 생긴다고 하니, 꽤 심각한 수준이었다.

그러나 생각을 바꾼 뒤로는 의사로부터 극히 건강하다는 소견을 들었다. 당뇨 고위험군에서 벗어났으며 중성지방 수치 또한 111로 떨어져 정상이 되었다. 아주 작은 생각의 전환이 엄청나게 큰 현실의 변화로 이어진 것이다.

우리가 의식적으로 해야 할 것은 행동을 바꾸는 것이 아닌 생각을 통해 뇌를 바꾸는 것이다. 생각해보자. 건강해서 늘 활력과 열정이 넘치는 자기 자신을 말이다. 당신의 뇌가 건강해질 힘을 줄 것이다. 내면언어를 바꾸는 훈련을 해보라. 당신은 당신이 생각하는 것보다 훨씬 더 큰 열정과 능력을 가지고 있다.

2-3

잘 먹어도
살 안 찌도록

뇌를 활용하면 먹는 양을 줄이는 것도 가능하다. 그러나 건
강, 다이어트와 상관없이 맛있는 걸 먹는 것은 인간이 살아가
면서 얻을 수 있는 하나의 큰 행복이기도 하다. 음식을 잘 먹
으면서, 살도 찌지 않고 건강한 몸을 유지하는 것은 불가능한
꿈인 걸까?

그렇지 않다. 당신이 원한다면 그렇게 될 수 있다. '잘 먹
으면서도 건강하고 활력이 넘치는 자신의 모습'을 상상하라.
그에 대한 생각을 반복하면 뇌는 신체적인 영역에서든 심적
인 영역에서든 당신의 상상을 실현시킬 수 있는 방법을 찾아
낼 것이다.

과식해도 살찌지 않게 해주는 약

최근 국내의 한 연구소가 '과식해도 살찌지 않게 해주는 약'을 개발하고 있다는 소식이 알려졌다. 연구진은 쥐를 대상으로 한 실험에서 해당 약을 투여한 쥐들이 투여하지 않은 쥐들에 비해 살이 찌지 않았다는 실험결과를 발표했다.

실험 영상에는 살찐 생쥐들과 날씬한 생쥐들이 나온다. 날씬한 생쥐들은 저지방 사료를 먹은 것도 아니고 운동을 더 한 것도 아니었다. 두 집단의 생쥐 모두 동일한 고지방 사료를 먹었다. 그런데 한 쪽 생쥐들만 일반 저지방 사료를 먹은 생쥐와 비슷한 모습이었다. 신약이 투여됐기 때문이다.

이 신약은 뇌 속 비만 억제 스위치를 켜는 역할을 한다. 뇌의 측면 시상하부에는 '가브라-5'라는 신경세포 군집이 있는데, 이 세포들은 몸 전체의 지방세포와 연결되어있다고 한다. 신약이 비만을 통제할 수 있었던 것은 이 가브라-5의 활동을 억제했기 때문이라는 게 연구진의 설명이다.

신약 개발과는 별개로 이 연구는 뇌가 신체 전반의 지방대사에 관여한다는 사실과 그 기전을 밝혔다는 점에서 매우 의미가 있다. 뇌의 신경세포들이 온몸의 지방세포와 연결되어 있다는 사실도 놀랍지만, 이를 인위적으로 조절할 수 있다는 사실도 놀랍다. 신약은 현재 임상실험 중이다.

'저 약이 나오면 나도 먹어야지!' 혹시 당신도 이렇게 생각하는 것은 아닌가? 사실 나 또한 비슷한 생각을 한다. 약을 통해 뇌에 자극을 주고 그것을 통해 살을 뺄 수 있다니…… 꿈만 같은 일이다.

그러나 우리는 잊어서는 안 된다. 아무리 좋은 약을 먹더라도, 실제로 살이 빠지더라도 뇌가 바뀌지 않으면 아무런 소용이 없다는 점이다. 우리가 그동안 시도해온 수많은 약, 건강기능식품, 건강 식단이 그것을 증명한다. 살이 빠지더라도 그때뿐이고 얼마 안 가 원래대로 돌아온다.

아무리 '뇌의 기전을 바꿔 살을 빼는 약'이더라도 생각이 그대로라면 점차 뇌가 약이 통하지 않도록 바뀌어 체형이 원래대로 돌아온다. 항구적으로 날씬해지기 위해선 생각이 바뀌어야 한다. 가장 본질적인 다이어트 방법은 우리가 우리 자신의 모습을 어떻게 그리느냐, 어떤 생각을 하느냐다.

맛있게 먹으면 0칼로리, 정말일까?

맛있는 것들이 넘쳐나는 세상에서 음식의 유혹을 참기란 쉽지 않다. 그렇기에 우리 주변에서는 마음껏 먹지만 건강한 몸은 유지하고 싶은 사람들의 욕망을 자주 확인할 수 있다. SNS에는 '맛있게 먹으면 0칼로리'라는 말들이 떠돈다. 물론 그 말을 하는 사람도 듣는 사람도 농담이라는 걸 알고 있다.

그러나 '맛있게 먹으면 0칼로리'라는 말에 과학적 근거가 있다면 당신은 믿을 수 있겠는가?

'프렌치 패러독스French Paradox'라는 말이 있다. 직역하면 '프랑스인의 역설'이라는 뜻으로, 푸짐하게 먹어도 살이 찌지 않고 비교적 건강한 모습을 유지하는 프랑스인의 체질을 표현한 것이다.

실제로 프랑스 사람들은 미국 사람보다 훨씬 더 기름진 식사를 한다. 프랑스 사람들은 동물성 지방 섭취가 많다. 버터, 스테이크, 거위 간 등을 먹는다. 심지어 고칼로리 디저트의 대명사인 마카롱은 프랑스에서 개발된 음식이다.

그런데 프랑스인들은 심장질환에 의한 사망률이 낮다. 심장질환이 사회적인 문제가 되고 있는 미국과 대비되는 모습이다. 게다가 프랑스는 유럽연합의 국가들 중 비만도가 가능 낮은 것으로 유명하다. 이런 현상을 어떻게 설명해야 할까?

물론 이를 양질의 단백질 섭취, 자연식 위주의 식단, 와인의 효과 등으로 설명하는 사람도 있다. 하지만 그런 차이 때문이라는 것이 명확히 밝혀졌다면 왜 아직도 '프렌치 패러독스'라는 말이 사람들의 입에 오르내릴까? 이것들만으로는 명확히 설명되지 않는 부분이 있다는 반증이다.

나는 이것을 '생각의 작용'이라고 설명하고 싶다. 프랑스인들은 식사를 매우 즐거운 마음으로 한다. 음식을 먹고 살찔 걱정을 안 하는 것은 물론, 생활 속의 다른 고민들도 식사를 할 때만큼은 훌훌 털고 식사에 집중한다. 이러한 생각과 감정이 가브라-5의 조절에 영향을 미치고 있는 것이다.

한 조사에서 프랑스인들과 미국인들에게 '초콜릿'을 보여주고 어떤 단어가 떠오르는지를 물었다. 미국인들은 초콜릿을 보고 '죄책감, 스트레스, 고열량'과 같은 단어를 떠올렸다고 한다. 반면 프랑스인들은 '즐거움, 축하'와 같은 단어를 떠올렸다고 한다. 이 조사는 두 나라 간에 음식을 대하는 태도가 얼마만큼 다른지를 보여준다.

아직까지 밝혀지지 않은 우리 몸의 작동 기전은 많다. 뇌가 지방대사에 관여한다는 사실조차 이제 막 알게 되지 않았는가? 우리는 약이 아니라 생각으로도 가브라-5의 스위치를 끄고 켤 수 있다. 고열량, 고지방식이 중요한 게 아니다. 생각을 어떻게 하느냐가 중요한 것이다.

맛있다의 기준도 뇌가 결정한다

나는 죽어가고 있었다. 76일간 무섭도록 넓은 바다에 표류되어서, 먹을 것이 없어 망연자실하며 죽어가고 있었다. 그런데 그때 무언가가 고무보트 밑을 치는 느낌이 났다. 살펴보니 수없이 많은 물고기들이 보트의 밑을 지나가고 있었다.

나는 마침 갖고 있던 작살로 물고기를 잡아먹어서 생존할 수 있었다. 처음에는 물고기의 살만 발라 먹었지만 시간이 지날수록 내장과 눈알까지 먹고 싶다는 생각이 들었다. 나는 그것들에 맛있게 먹었다.

일미로 꼽을 만한 부위는 바로 내장이다. 위와 장은 스르르 녹는 맛이 일품으로, 씹는 수고가 필요 없다. 특히 간, 곤이, 심장, 눈알은 먹을 때마다 그 기쁨을 형용할 길이 없다. 눈알을 이빨로 깨물면 풍부한 액체, 쫄깃하고 촉촉한 수정체, 그리고 종잇장처럼 얇은 녹색 껍질에 붙은 각막이 터져나온다.

글을 읽으며 인상이 일그러진 독자들도 있을 것이다. 이것은 바다에서 76일간 표류했다가 살아난 모험가 스티븐 캘러핸의 이야기다. 그는 자신의 저서『표류』에서 물고기의 내장과 눈알을 먹을 때의 느낌을 위와 같이 '매우 황홀한 맛'이라고 표현했다.

그가 평소에도 물고기의 내장과 눈알을 즐겼다면 이런 식으로 그 맛을 상세히 묘사하지는 않았을 것이다. 그 또한 평소엔 물고기의 내장과 눈알을 버리는 음식으로 생각했다. 그런데 위급한 상황에 처하자 그것을 맛있게 먹었다. 바다에 표류한 상황에서 영양분이 필요하니 그의 뇌가 물고기의 내장과 눈알도 맛있게 느끼도록 만든 것이다.

운동 마니아로도 유명한 가수 김종국은 방송에 나와 닭가슴살을 갈아 쉐이크를 만들어 먹은 적이 있다. 옆에 있던 개그맨 김준호가 닭가슴살 쉐이크를 한입 먹어보고는 그 맛이 끔찍하다고 표현했다. 김종국과 가까운 다른 후배도 먹어보자마자 인상을 쓰며 맛이 이상하다고 했다. 그렇지만 김종국은 정말 맛있다며 먹었다.

스티븐 캘러핸의 사례처럼 이 역시 뇌가 시켰다고 볼 수 있다. 다만 캘러핸의 뇌는 정말로 생존의 위협을 받아 물고기의 내장과 눈알을 맛있게 느끼도록 변화됐다면, 김종국의 뇌는 스스로의 의지로 근육을 생존에 중요하다고 생각해 닭가슴살을 맛있게 느끼도록 변화됐다는 차이점이 있다.

그의 뇌가 근육을 생존에 중요하다고 여기는 것은 그가 평소에 하던 생각 때문이다. 그는 운동할 때조차 '어우 맛있어'라고 이야기할 정도로 근육과 운동이 너무 좋다고 생각하고 산다. 그러니 그의 뇌는 근육을 유지하기 위해 필요한 단백질을 맛있게 느끼도록 변화한 것이다.

다시 한번 강조하지만 인간의 뇌는 우리가 가장 많이 생각하는 대상을 '생존에 중요한 것'으로 간주한다. 먹을 것이 없어 죽어가는 상황에선 먹을 것에 대해서만 생각하니 무엇이든 찾아먹어 그 안에서 필요한 에너지를 얻게 만든다.

운동에 대해 생각하기 시작하면 뇌는 운동이 생존에 중요하다 판단하여 우리가 운동을 하고 싶게 만들어준다. 그런 동시에 운동에 방해가 되는 생활습관을 개선시켜나가기 시작한다. 식사에서도 운동에 필요한 것은 맛있게 느껴지게 만들고 운동에 방해가 되는 것은 맛없게 느껴지게 만드는 것이다.

즐거운 식사의 힘

동일한 식사를 하는데 계속 죄책감을 느끼며 식사를 하는 사람과 즐거운 마음으로 식사하는 사람이 있다고 해보자. 식사량이 과도하더라도 후자의 사람이 전자의 사람보다 살이 덜 찌고 건강할 수밖에 없다. 두 사람이 받는 스트레스의 정도가 다르기 때문이다.

많이 먹은 죄책감에 젖어있는 사람은 점심식사 후 우울하게 사무실로 돌아갈 것이다. 우울한 기분으로 인해 일에서도 제대로 된 성과를 내기가 힘들다. 그러면 더 큰 스트레스를 받아 결국 다시금 먹을 것을 찾게 될 확률이 크다.

그러나 즐거운 마음을 유지하는 사람은 식사를 하고 나서 기분 좋게 걷거나 운동을 할 힘이 생긴다. 이렇게 얻은 활력과 에너지로 일에서도 더 큰 성과를 낼 수 있다. 일에서 얻은 성취감은 다시금 건강과 몸매를 가꾸고 싶은 의욕으로 이어지기도 한다.

중요한 것은 어떤 생각을 하느냐다. 우리의 잠재의식과 뇌는 우리를 돕도록 만들어져있다. 잘 먹으면서도 항상 건강한 자신의 모습을 생각하다보면, 뇌가 우리에게 건강할 수밖에 없는 신체와 환경을 만들어준다.

멋진 몸매가 된 자신을 떠올리면 우리의 뇌는 그 모습을 이루기 위한 방법을 생각해내고, 그 목표를 이루기 위한 에너지를 준다. 멋진 몸매가 된 자신을 떠올려보자. 상상만으로도 기분이 흐뭇하다. 이런 기분을 잘 유지하면 스트레스 감소 등

실질적인 신체반응도 일어난다. 과도한 스트레스는 비만의 핵심원인 중 하나이기에 즐거운 생각을 통한 스트레스 조절은 다이어트를 하는 데 큰 도움이 된다.

또한 즐거워 하거나 환호하는 동안 우리 몸에는 만족을 일으키는 호르몬인 세로토닌이 분비된다. 세로토닌은 식욕억제 기능을 가지고 있다. 게다가 성장호르몬인 소마트로핀도 덤으로 얻을 수 있다. 이 호르몬은 내장지방을 억제한다. 맛있게, 혹은 배불리 잘 먹었다는 생각을 하는 것만으로도, 당신은 다이어트 성공에 한 발 더 가까워질 수 있는 것이다.

아무거나 먹는데 건강한 사람들

실제로 식단에 대해 전혀 신경 쓰지 않는 사람들이 무병장수하는 경우가 많다. 일본의 역대 최고령자로 기네스북에 올라 있는 다나카 가네는 119세를 일기로 삶을 마감했다. 그런데 그녀는 하루도 거르지 않고 초콜릿과 콜라를 마시는 것으로 유명했다. 장수의 비결에 대해서도 '맛난 것을 먹고 공부하는 것'이라고 밝힌 바 있다.

또한 미국 프로야구에서 최고령 시구자로 기록된 106세의 엘리자베스 설리번도 40년간 매일 탄산음료를 3캔씩 마셨다고 한다. 그녀는 자신에게 탄산음료가 몸에 해롭다고 먹지 말라 말했던 주치의들이 모두 자신보다 먼저 세상을 떠났다고 밝혀 화제가 되기도 했다.

122세로 전 세계 기네스 최고령으로 기록된 '잔 루이즈 칼망'의 경우도 비슷하다. 그녀는 씹는 힘이 약해졌음에도 고기 요리를 즐겨먹었다. 초콜릿을 자주 먹었고 식후에 먹는 디저트도 잊지 않았다. 21세부터 117세까지 96년간 흡연도 했다고 한다. 이들의 삶은 '스스로 건강하다고 믿고 먹으면 어떤 음식도 건강을 해칠 수 없다'의 반증이기도 하다.

사실 몸에 해로운 음식에 대한 기준은 모호하기 그지없다. 어떤 음식이 우리 몸에 어떤 영향을 미치는지에 대한 연구는 한 쪽의 결과만 보면 그럴듯하지만 그와 상충되는 연구도 많다. 학계 전반이 합의한 몸에 해로운 음식은 없는 것이다.

또한 음식을 연구하는 실험은 연구대상이 되는 변인의 통제가 어려워 신뢰도 자체가 낮다. 고기가 건강에 나쁜지를 알려면 고기만 수십 년 먹은 사람과 그렇지 않은 사람을 비교해야 하는 데 오랫동안 참가자의 식습관을 통제하는 게 매우 어렵기 때문이다. 음식 외에도 사람의 체질, 생활습관에 따라 결과가 다르게 나타나기도 한다.

'어떤 음식이 해롭다더라', '어떤 음식이 좋다더라' 하는 연구결과를 추종하며 식사를 하다보면 늘 자신의 식단에 대해 불안감을 느끼게 된다. 먹으면서 스트레스를 받으면 그에 따른 호르몬이 과잉 분비될 것이고 그러면 몸에 해로운 음식을 먹는 것보다 더더욱 건강에 좋지 못하게 된다.

다양한 음식을 골고루 먹는 것이 건강에 유익하다. 그리고 어떤 마음가짐을 갖고 먹느냐가 중요하다. 좋은 음식도 죄책감을 갖고 먹으면 몸에 이로울 리 없다. 기름진 음식도 내 몸에 도움이 된다는 생각으로 먹으면 필요한 곳에 쓰일 것이다. 그 모든 것이 뇌의 작용과 연관되어있다. 그리고 그 뇌의 작용을 결정하는 건 당신의 생각이다.

2-4

결과까지 바꾸는
착각의 힘

얼마나 많은 사람들이 생각만으로 자신의 건강을 해치고 있는지를 알게 된다면 깜짝 놀랄 것이다. 지금 이 글을 읽고 있는 당신도 건강을 해치는 잘못된 생각을 하고 있지는 않은지 돌아볼 필요가 있다.

건강을 해치는 잘못된 생각의 흔한 예로는 '아이고 죽겠다' 혹은 '나이를 먹으니 기력이 없어', '살이 찌니 더 힘들어', '점점 더 증세가 심해져'와 같은 것들이 있다. 이러한 생각들은 뇌에게 우리 몸의 에너지를 지금보다 더 빼달라는 주문을 하는 역할을 한다.

믿고 싶은 대로 믿는다

「EBS 다큐프라임 - 인간의 두 얼굴」에 나온 내용을 살펴보자. 서울의 한 쇼핑몰에서 한 가지 실험이 진행된다.

촬영진은 쇼핑몰에 간이 부스 하나를 만들고 행인들에게 그곳을 '기적의 신소재 체험 공간'이라 소개했다. 그리고는 해당 신소재가 자기장을 통해 신체의 통증을 줄여준다며 체험을 권유했다. 나사NASA에서도 이 신소재를 사용하고 있다는 설명을 덧붙이기도 했다.

부스 안에 들어가면 연구원, 개발자, 박사로 보이는 사람들이 체험을 안내해준다. 그들은 신소재로 만들어진 옷, 모자, 막대 등을 꺼내어 행인들의 몸에 결리는 부분이나 통증이 있는 곳에 물건들을 가까이 가져다댄다.

그러면 행인들은 하나같이 결리는 곳이 풀리고 통증이 사라졌다고 말했다. 코가 뚫리고 몸이 가벼워졌다고 말하기도 했다. 심지어 실험을 마치고 촬영진이 전부 가짜였다고 밝혀도 이렇게 얘기하는 사람들이 있었다.

"가짜 아닌 것 같은데요?"

방송에서는 이러한 반응을 '착각'이라고 설명했다. 그러나 이는 심리학의 시선에서 내린 판단이다. 물론 신소재의 효과는 가짜이겠지만, 행인의 통증이 한동안 사라진 것도 가짜라고 할 수 있을까? 그에게 자신의 건강이 좋아졌다는 믿음이 생기자 그는 정말로 건강이 좋아지게 된 것이다.

뇌는 우리 몸의 모든 신진대사에 관여한다. 오장육부가 자신의 기능대로 작동하는 것도, 특정 손상 부위를 치유하기 위해 필요한 물질이 만들어지는 것도 모두 뇌가 시켜서 이뤄지는 일이다. 따라서 우리의 건강은 뇌의 상태와 명령에 따라 크게 좌우된다.

아무리 좋은 치료를 받는다 해도 뇌가 그 치료의 효과를 믿지 못하면 건강이 좋아지지 않는다. 뇌가 스스로에 대해 '나는 아직도 아픈 사람이야', '내 건강은 좋아질 수 없어'라는 이미지를 갖고 있으면 건강이 좋아지기 위한 뇌의 작용을 전혀 하지 않기 때문이다.

반대로 아무런 효과가 없는 치료라 해도 뇌가 그 치료의 효과를 믿으면 건강이 좋아진다. 스스로에 대해 건강한 사람이라는 이미지를 갖고 있는 뇌가 그에 걸맞은 활동을 시작하기 때문이다. 이른바 '착각의 힘'이다.

이러한 착각의 힘을 잘못 발휘하여 최악의 결과를 맞이한 예시도 있다. 고장 난 냉동창고에서 얼어죽은 인부의 이야기를 한번쯤 들어보았을 것이다.

인부가 냉동창고 안에서 일을 하던 도중 갑작스럽게 냉동창고 문의 전원이 차단돼 안에서 문을 열 수 없게 되었다. 혼자 냉동창고 안에 갇혀버린 것이다. 그는 그렇게 죽어가며 벽에다 자신의 기록을 남겼다. '동료의 실수로 나는 냉동창고에 갇혔으며 너무 추워서 괴롭다'라는 것이었다. 그렇게 그는 다음날 냉동창고에서 얼어죽은 채로 발견됐다.

그러나 사실 전원이 꺼진 냉동창고는 사람이 죽을 정도로 춥지는 않았다. 그런데 그의 머릿속에는 냉동창고에 갇혀있으니 죽을 것이라는 두려움이 가득했다. 이러한 착각이 그의 뇌를 바꾸어 스스로 목숨이 끊어지게 된 것이다. 이러한 사례는 생각의 힘이 얼마나 강력한지 우리에게 큰 교훈을 준다.

우리는 스스로 건강해질 수도, 스스로 건강을 해칠 수도 있다. 건강을 위해 식단과 운동에도 신경을 쓰고 아플 땐 병원 치료도 받아야겠지만, 뇌의 역할을 망각해선 안 된다.

생각이 젊어지면 몸도 젊어진다

하버드대 심리학과 교수 엘렌 랭거는 1970년에 한 가지 실험을 진행했다. 노인들이 20년 전으로 돌아간 것처럼 살아보게 하는 실험이었다. 연구진은 1950년대풍의 집과 환경을 구성한 뒤 다수의 노인들로 구성된 실험 참가자들이 거기서 한 주를 지내게 했다.

노인들은 마치 자신이 젊었던 1950년대로 돌아가 사는 듯한 느낌을 받았다고 한다. 그리고 실험 일주일 만에 노인들의 신체에 많은 변화가 일어났다. 기억력, 시력, 청력, 손놀림이 향상된 것이다. 단 일주일간 자신이 젊어졌다고 상상했을 뿐인데 말이다.

이후 방송국 내셔널지오그래픽에서 랭거 교수의 실험을 기반으로 추가적인 실험을 진행했다. 이번 실험은 노인들을 대상으로 몰래카메라를 진행하는 것이었다. 촬영진은 노인들의 신체 나이를 검사하고 그 결과를 실제보다 10년씩 젊게 알려줬다.

그리고 20분 후 똑같은 검사를 진행했다. 촬영진의 거짓말로 인해 노인들은 자신의 신체 나이가 생각보다 젊다는 생각으로 검사에 임했다. 그 결과 전보다 11% 더 빨리 움직였고 힘은 17%나 증가했다.

20분 만에 신체 능력이 10% 이상 상승한 것이다. 자신이 젊다고 생각만 했을 뿐인데 말이다. 우리는 생각만으로도 얼마든지 활력이 넘치고 건강하게 살며 이루고 싶은 것들을 다

이루고 살 수 있다.

대부분의 사람들은 자신의 성공과 건강보다 자신의 실패와 고통을 생각하며 살아간다. 혹은 남이 겪는 실패와 고통을 생각하는 데 많은 시간을 보낸다. 이는 뇌를 최악의 방식으로 활용하는 것이다. 나의 것이든 남의 것이든 우리가 걱정과 고통을 떠올릴수록 뇌는 그것들에 집중하기 때문이다.

그래서 사회적 문제에 몰두하는 사람들에게 점점 더 많은 사회적 문제들이 보이는 것이다. 그들은 사회에서 계속 문제를 찾을 뿐 아니라 자신의 삶에서도 문젯거리를 만들어낸다. 그들의 활동이 무의미하다고 말하는 것이 아니라, 그런 활동이 그만큼 많은 것을 잃는다는 걸 강조하는 것이다.

만약 당신에게는 당신의 삶을 원하는 대로 이끌어나가는 것이 그 무엇보다 중요하다면, 당신과 상관없는 이슈들을 머릿속에서 과감히 끊어내고, 당신이 원하는 생각으로 머릿속을 가득 채워야 한다.

스트레스를 다스리는 긍정적 의도

내가 마인드 코칭을 하고 있을 무렵 한 직장인이 나를 찾아왔다. 직장생활 4년 차인 그는 두통이 사라지지 않아 힘겨워하고 있었다. 그의 일은 회사에서 회계업무를 보는 것이었는데, 그는 늘 숫자 하나하나가 틀릴까 봐 스트레스를 받고 있다고 말했다. 그의 말에 따르면 머리에 쇠못이 박혀있는 것 같다고도 했다.

그에게 의학적으로 특별히 병이 있는 것도 아니었다. 병원에서는 스트레스를 줄여야 한다고 조언을 했지만 그의 업무 특성상 불가능했다.

나는 그에게 말했다.

"틀릴까 봐 두려운 것이 아니라 완벽하게 잘하고 싶어서 그런 것 맞죠? 이제 머릿속에 있는 못을 빼도 좋을 것 같아요."

그는 잠시 생각을 하더니 입을 열었다. '틀린 게 아니라 완벽하게 잘하고 싶어서군요.' 나의 말대로 생각하자 즉시 머리가 맑아졌다고 했다. 그는 연신 말도 안 된다며 머리가 이렇게 개운했던 적이 언제였는지 모르겠다고 말했다. 이러한 사례는 셀 수 없이 많다.

같은 스트레스를 받아도 그 스트레스를 '부정적 의도'로 받아들일지 '긍정적 의도'로 받아들일지에 따라 뇌에 가해지는 손상의 정도가 바뀌게 된다. 틀릴까 봐 두려워하는 마음 같은 부정적 의도는 스트레스의 영향을 강화시킨다. 반면 잘하고 싶어서 그랬다와 같은 긍정적 의도는 스트레스의 영향을 약화시킨다.

물론 부자의 뇌를 만들면 자연스럽게 스트레스를 받지 않고도 성공으로 나아갈 수 있다. 그러나 현재 어쩔 수 없이 스트레스를 받아야 하는 환경에 놓여있다면, 스트레스의 영향을 감소시킬 수 있는 긍정적 의도를 찾아야 한다. 그렇게만 해도 훨씬 더 가볍고 활력 있게 살아갈 수 있다긍정적 의도에 대한 기술적 내용은 뒤에서 이야기할 것이다.

내게서 이러한 내용의 강의를 들은 이들은 가끔 '내 뇌를 속여야 하는 거군요'라고 말하기도 한다. 어찌 보면 맞는 말이기도 하지만 정확히 말하자면 뇌를 속이는 것이 아니라 내가 원하는 대로 뇌를 프로그래밍하는 것이다. 우리는 뇌와 협력할 수 있다.

2-5

원하는 생각으로
술과 담배를 끊다

20대 초반부터 나는 알콜중독자였다. 1년에 364일 술을 마셨다. 365일 중 하루가 빠진 이유는 꼭 1년에 한 번씩 몸이 아파 약 먹고 하루 종일 잠을 잤기 때문이다. 물론 그렇게 자고 일어난 뒤에는 다시 술을 마시러 나갔다.

당시 나는 사람들과 함께 있는 것을 좋아해 술을 마셨고, 혼자 집에 있으면 공허함을 느껴 또 술을 마셨다. 술을 마시지 않으면 잠도 잘 오지 않았다.

그랬던 내가 술을 끊는다고 하자, 주변 사람들은 개가 똥을 참느냐며 놀려댔다. 그들의 말대로 술을 끊어내겠다고 굳게 다짐한 내 마음은 금세 무너졌다. 또 술을 마셨다.

담배도 마찬가지였다. 스무 살부터 피우기 시작한 담배는

끊기로 다짐할 때마다 더 많이 피우게 되다보니, 피우는 양이 2배로 늘어서 완전 골초가 되었다. 죽기 살기로 담배를 끊어 보려고 노력했지만 끊을 수 없었다.

다이어트도 마찬가지였다. 다이어트를 하려고 하면 할수록 마음처럼 되지 않았다. 몸무게는 늘었다 줄었다를 반복했고 내 몸은 점점 더 비만이 되어갔다.

자연스럽게 술, 담배에서 멀어지다

술, 담배, 그리고 다이어트 실패…… 의지라고는 찾아볼 수 없는 나였다. 그러다 2022년에 완전히 망해버린 뒤에는, 돈 한 푼이 아쉬워 반강제적으로 술을 마시지 못하게 됐다. 부자의 뇌를 만들기 시작하고 나서도 성공에만 집중하며 살았다.

그러다 하루는 술을 한 잔 마셨다. 단기간의 성취를 이루고 자축을 하기로 한 날이었다. 그런데 오랜만에 마셔서 그런 걸까? 기분이 정말 안 좋았다. 술을 달고 살던 예전의 기억들이 떠올랐다. 숙취에 시달리던 날들이었다. 취해서 기억이 끊긴 날도 많았다.

다시 그런 것들이 반복될지 모른다는 생각에 나는 술이 정말 싫어졌다. 마음 깊은 곳에서부터 거부감이 느껴져 술이 맛이 없었다. 그 뒤로부터 지금까지 나는 단 한 잔도 술을 입에 대지 않았다. 앞으로도 영원히 술을 마시지 않을 것이다.

담배도 마찬가지였다. 니코틴 금단현상으로 인해 컨디션이 들쑥날쑥해지는 것이 싫었다. 1시간마다 담뱃불을 붙이기 위해 하던 생각을 중단해야 하는 것도 너무 싫었다. 왜? 나는 내가 생각하는 시간이 너무 좋았으니까.

내가 내 의지로 술과 담배를 끊었다고 봐야 할까? 그보다는 술과 담배가 더 이상 내 삶에 즐거움을 주지 못했기에 삶에서 끊어져 없어진 것이라고 봐야 한다. 내가 원하는 것들을 내 삶에 가득 채움으로써, 그것들이 자연스럽게 뇌에서 지워지는 것이다.

다이어트에 대해서도 아직 뱃살은 남아있지만 나는 내 몸을 가장 건강한 형태로 유지하고 있다고 자부한다. 얼마 전 종합건강검진을 받았을 때에도 의사로부터 '놀라울 정도로 건강하다'라는 이야기를 들었다. 그러나 나는 그냥 잘 먹고 활력적으로 살아갈 생각을 했을 뿐 더 이상 다이어트를 하지 않고 있었다.

담배, 술, 식욕 등 버리고 싶은 부정적 욕망을 의지로 꺾으려고 하는 건 뇌를 이해하지 못한 사람들이 하는 짓이다. 욕망은 뇌에서 만들어지는 것이기에, 뇌에 종속된 우리의 의지로는 결코 욕망을 꺾을 수 없다. 우리가 할 수 있는 건 뇌를 새롭게 프로그래밍하는 것이다. 부정적 욕망 또한 과거 어느 시점에 우리가 뇌에 프로그래밍한 결과다. 프로그래밍의 문제는 프로그래밍으로 없애야 한다. 그 외에는 방법이 없다.

술과 담배를 끊으려했을 때마다 나는 번번이 실패했다. 그러나 돈을 벌고 싶은 강력한 열망과 생각으로 뇌를 채우자 자연스럽게 술과 담배를 끊어낼 수 있었다. 이제 내 뇌에는 술과 담배에 대한 생각이 들어올 공간이 없다. 내 머릿속은 이미 원하는 생각으로 가득차있기 때문이다.

내 삶에서 무언가 안 좋은 것을 끊어내야 할 때 그것을 억지로 끊어내려고 하지 말아라. 그것을 대체할 생각을 내 안에 가득 채우면 안 좋은 것은 자연스럽게 끊어진다. 원하는 생각만 하자. 무한한 뇌와 자신에 대한 믿음을 바탕으로.

2-6

생각만으로
부러진 뼈를 붙이다

미국 출신의 세계적 베스트셀러 작가이자 칼럼니스트인 조 디스펜자Joe Dispenza는, 1986년 캘리포니아 남부 팜 스프링스에서 열린 철인 3종 경기에 참가 중이었다. 사이클을 타고 질주하던 그는 불행하게도 교차로에서 시속 90km로 달리던 자동차와 부딪히는 사고를 겪게 된다.

온몸으로 엄청난 충격을 받아낸 그는 충격으로 척추뼈 대부분이 부러졌고 부러진 뼈들은 척수에 박혀버렸다. 사고 후 즉시 병원으로 옮겨졌지만 모든 의사들은 그가 다시는 걸을 수 없을 거라고 진단했다. 목숨을 건진 것만 해도 기적이었는지 모른다.

척추뼈를 붙이는 상상

의사들은 쇠막대를 이용해 그의 허리를 보강하는 수술을 제안했다. 그런데 디스펜자는 그 수술을 거부했다. 의사들은 잘못하면 전신마비가 올 수도 있다고 경고했지만 소용없었다. 그는 자신의 방식대로 문제를 해결하기로 했다.

그는 한 가지 생각만 했다. '신체를 창조한 힘이 내 신체를 치유한다.' 그는 이러한 생각과 신념이 자신의 몸을 치유할 것이라 믿었다. 그의 머릿속은 그 생각만으로 가득했다. 종종 휠체어를 탄 자신의 모습이 그려지기도 했지만, 즉시 원하는 생각으로 머리를 가득 채웠다. 잠들어있는 시간을 빼고는 하루 중 모든 시간에 그 생각만 했다.

여기서 우리가 주목할 점은 그가 최악의 상황에서도 원하는 생각 하나에만 집중했다는 것이다. 대부분의 사람들은 어떠한 최악의 상황에 처해있을 때, 일어나길 바라는 상황에 대한 상상보다 일어나지 않길 바라는 상황에 대한 걱정으로 자신의 머릿속을 채운다. 그러면 뇌는 일어나지 않길 바라는 상황에 대한 이미지로 프로그래밍되고, 결국 그것을 현실화하기 위한 길을 제시한다.

다시 조 디스펜자의 이야기로 돌아오자. 그는 눈을 감고 마음속으로 척추뼈를 하나씩 복원하기 시작했다. 처음에는 척추뼈를 복원하는 상상을 완료하는 데 3시간이 걸렸다. 중간에 집중력을 잃을 때마다 다시 시작하다보니 1회 완벽하게 복원을 하는 데 3시간이 소요된 것이다. 복원을 완료한 뒤에는 자신이 건강하게 병원을 걸어다니는 모습을 상상했다.

6주가 지나자 3시간이 걸리던 것을 45분 만에 할 수 있게 되었다. 그의 머리에 부러진 척추뼈를 복원하는 상상을 하는 새로운 뇌 회로가 만들어진 것이다. 그 과정에서 그는 분명한 내면의 변화를 느꼈다. 퇴원을 한 뒤에도 똑같은 생각을 반복했다. 상상의 과정은 더더욱 수월해졌다.

그런 와중에 놀랍게도 통증이 줄어들었다. 운동 기능이 회복되어 허리를 일으키는 것이 가능해졌고, 천천히 걷기도 가능해졌다. 작은 변화가 생기자 그의 생각과 마음에 선순환이 일어났다. 두려움은 줄고 원하는 생각을 하는 것이 자연스러워졌다.

그래서 더 생각에 집중했다. 다시 걷게 되었을 때를 생각하며 걸을 때의 느낌, 샤워할 때의 느낌, 친구들과 어울릴 때의 느낌을 상상하기 시작한 것이다.

10주 차가 되자 그는 침대에서 일어날 수 있었고, 12주 차가 되자 몸이나 허리에 통증이 사라졌다.

그가 걸을 수 없을 거라던 의사들은 기적 같이 회복된 그의 모습에 어떤 말도 하지 못했다. 그는 척추뼈가 산산조각 난 가운데 생각만으로 뼈를 붙이는 결과를 이끌어냈다. 최악의 상황에서 본인이 원하는 생각을 반복하여 상황을 반전시킨 것이다.

생각으로 꿈을 이룬 디스펜자의 딸

이러한 디스펜자의 이야기는 평범한 이들에게 정말 많은 영감을 준다. 그런데 그의 이야기 못지않게 충격적인 것이 바로 그의 딸이 겪은 이야기다.

디스펜자에게는 대학에서 미술을 공부하는 딸이 있다. 어느 날 그는 자신의 딸에게 이번 여름방학에 무엇을 하고 싶은지 물었다. 그녀는 그에게 이탈리아에서 일도 하고 새로운 것을 경험하길 원한다고 답했다.

그는 자신이 겪은 경험을 바탕으로 그녀에게 원하는 것에 대한 명확한 이미지를 그리라고 조언했다. 그리고 우리가 무언가에 집중하면 우리의 뇌는 그것을 어떻게 현실로 만들지 궁리한다는 말도 덧붙였다.

그의 딸은 아버지의 조언대로 여름 방학에 일어날 일들을 실제로 경험하면 어떨지 그 느낌과 감정을 상상해보기로 했다. 그녀는 아버지의 영향으로 어렸을 때부터 '경험하기 전에 미리 생각하고 느끼는 법'을 꾸준히 연습해왔다. 때문에 그리 어렵지 않게 상상할 수 있었다.

그녀는 꾸준히 상상을 지속했다. 상상이 반복되자 아직 여름이 오기 전 3월이었는데도 그녀는 이미 이탈리아에서 여름을 보낸 것처럼 행동했다. 말도 생각도 이탈리아어로 하면서 이탈리아어 실력이 유창해졌다.

그런 그녀에게 뜻밖의 기회가 찾아왔다. 그녀가 다니는 대학교에서 여름학기 미술사 강의가 이탈리아에 개설된다는 것이었다. 담당 교수와 이야기하며 유창한 이탈리아어를 뽐낸 그녀는, 거기서 공부할 미국 학생들에게 기초 이탈리아어를 가르치게 되었다.

그녀는 무려 강의료를 받으며 이탈리아에 가게 됐다. 중간에 여행으로 이탈리아에 가거나 학생의 자격으로 이탈리아에 갈 기회도 있었지만, 그랬다면 이탈리아에서 일도 하고 새로운 것을 경험하는 그녀의 꿈을 온전히 이룰 수는 없었을 것이다.

디스펜자의 딸은 생각만으로 꿈꾸던 여름방학 계획을 모두 실현시켰다. 구체적인 행동은 무엇도 하지 않았지만 생각을 통해 뇌가 준비되니, 어느새 그녀는 이탈리아 전문가가 되어있어 그에 걸맞은 환경적 조건을 누리게 된 것이다. 생각의 힘이 바로 여기에 있다.

뇌는 오로지 상상하는 것만으로도 그것을 실제로 겪은 것과 같은 경험을 한다. 우리의 선입견은 실제 경험을 필요로 하지만, 우리의 뇌는 상상의 경험만으로 충분하다. 단 뇌의 시냅스가 가상의 정보를 현실로 받아들일 수 있을 정도로 분명하고 생생하게 그 장면을 상상해야 한다.

가난한 뇌를 지닌 이는 자신이 아는 방법대로만 문제를 해결하려 한다. 하지만 부자의 뇌를 지닌 이는 뇌가 방법을 찾도록 내버려둔다. 그녀는 처음에 자신이 어떤 방법으로 이탈리아에 가게 될지를 알지 못했다. 그저 자신이 이탈리아에 가게 됐을 때의 상황을 끊임없이 생각하며 이탈리아어로 말하고 느꼈을 뿐이다. 그러자 그녀가 원하던 상황이 자연스레 그녀를 찾아왔다.

조 디스펜자를 아버지로 둔 그녀를 부러워할 필요가 없다. 당신은 이 책을 보고 있지 않은가? 그리고 원하는 것을 얻는 비결을 점점 이해하고 있지 않은가?

몸의 장애보다 무서운
생각의 장애

정말 원하는 것이 있는가? 간절하게 기도하는 바가 있는가? 그렇다면 힘든 부분을 부여잡고 있지 말고 원하는 것을 부여 잡아라. 많은 사람이 힘든 일이 해결되길 바라며 기도를 한 다. 그럼 뇌는 힘든 일의 이미지만 계속 바라본다. 그러니 기 적처럼 일이 해결되어도, 같은 기도를 반복할 수밖에 없는 상 황이 이어진다. 내 삶이 그랬기에 너무나도 잘 알고 있다.

이번 장에서는 신체적 장애라는 최악의 상황 속에서, 생각 으로 시련을 극복한 이들의 이야기를 살펴볼 것이다. 이들을 보면서 느낄 수 있는 건 '몸의 장애'보다 무서운 것이 '생각의 장애'라는 것이다. 뇌를 힘든 일에만 집중하게 만드는 생각의 장애는 우리의 인생을 극심하게 좀먹는다.

생각으로 최악의 상황을 극복하다

뇌성마비를 지니고 태어난 사람이 영업업계의 1인자가 되는 것이 가능할까? 건강한 사람도 하기 어려운 일을 말이다.

1932년 미국 샌프란시스코에서 태어난 빌 포터는 태어날 때부터 뇌성마비를 가지고 있었다. 그는 장애인 연금을 받으며 편하게 살 수 있었음에도 그것을 거절하고 영업사원으로 취직하게 된다.

물론 처음부터 그를 받아주는 회사를 찾긴 힘들었다. 그러나 그는 한 회사와의 면접에서 '나를 귀사의 매장 중 가장 영업이 안 되는 곳으로 보내달라'라고 설득하여 간신히 취직에 성공한다. 이후 포터는 인내와 끈기를 바탕으로 성공하여 미국 전역에서 '판매왕'이라 불리는 자리에 오르게 된다.

그에게 뇌성마비는 장애물이 되지 못했다. 그는 스스로를 장애인이라 여기지 않았기 때문이다. 그는 자신이 일반인들과 다르지 않게 원하는 삶을 살 수 있다고 믿었다. 그 생각이 그를 판매왕의 자리에 올려놓았다.

에이미 멀린스의 사례 역시 우리에게 시사하는 바가 크다. 1976년 미국 펜실베이니아에서 태어난 그녀는 태어날 때부터 양쪽 다리의 종아리뼈가 없었다. 때문에 1살이 됐을 무렵 무릎 아래로 다리를 절단하는 수술을 받아야만 했다.

그러나 그녀는 현재 육상선수, 작가, 패션모델, 배우, 강연 가로 활동하고 있다. 그녀에게 다가오는 사람들은 남녀 할 것 없이 '당신은 정말 매력적이에요. 장애인 같지 않아요'라고 이야기한다. 그녀는 그들의 얘기를 들으면 속으로 '오 좋은데 나도 내가 장애인으로 느껴지지 않아'라고 생각한다고 한다.

이런 일상을 통해 그녀는 하나의 고찰에 깊이 빠져들게 되었다. '아름다움의 관점에서 장애를 갖는다는 것은 어떤 의미일까?' 자신의 신체에 대해 고민하던 그녀는 대중 앞에서 상애인으로서의 신체적 아름다움이 무엇인지를 보여주기 시작한다.

그녀는 다리가 없는 자신의 아름다움을 뽐낼 수 있는 화보를 찍는가 하면, 영국 유명 디자이너로부터 인공다리를 선물받아 패션 런웨이에 모델로 서기도 한다. 이로 인해 미국의 주간잡지 「피플」에서 발표한 '아름다운 여성 50인'에 선정되기도 했다. 그녀에게는 신체적 장애가 있었지만 원하는 생각을 통해 일반인들도 하기 힘든 성과를 만들어내며 큰 성공을 이루었다.

그녀는 '진짜 장애는 억눌린 영혼이다'라고 말한다. 영혼이 억눌리면 희망을 잃고, 아름다움을 볼 수 없게 되고 아이와 같은 호기심도, 상상력도 잃어버리게 된다는 이유에서다.

또다른 인물의 사례를 살펴보자. 2000년 시드니 올림픽 다이빙 경기에서 기적 같은 일이 일어났다. 다이빙 여자 10m 플랫폼 결선에서 미국의 로라 윌킨슨이 마지막 역전으로 금메달을 차지한 일이다. 다이빙은 오랜 기간 중국이 강세를 보인 종목이었는데, 중국을 꺾고 미국이 금메달을 차지했다.

로라 윌킨슨의 금메달이 더욱 빛나는 것은 그녀가 부상을 극복하고 성과를 이뤘기 때문이다. 그녀는 올림픽 3개월 전 오른발에 부상을 입어 7주간 누워만 있었다. 심지어 경기 당일에도 그녀는 완전히 회복된 상황이 아니었다.

그러나 그녀는 병원에 누워있을 때 완벽한 다이빙을 하고 우승하는 상상을 하게 된다. 그녀는 상상 속에서 실제 연습보다 훨씬 더 성공적인 다이빙을 할 수 있었다. 어쩌면 그녀는 경쟁자들보다 훨씬 더 효율적인 훈련을 한 셈이다.

그렇게 그녀는 부상투혼으로 금메달을 따내는 쾌거를 이룬다. 최악의 상황에서도 머릿속을 원하는 생각으로 가득 채웠을 때 일어나는 기적이 무엇이지 보여주는 좋은 사례다.

나와 가까운 사람의 얘기도 해보겠다. 나의 아버지는 국가유공자다. 군복무 시절 사고로 신체 일부가 절단되는 사고를 겪었기 때문이다. 그런 불행으로 인해 젊은 시절의 아버지는 정말 많이 힘들어하며 오랜 시간 방황했다고 한다. 그러다 어머니를 만나면서 삶이 변해갔다.

우리 집이 넉넉한 편은 아니었지만 부모님이 모두 성실하게 살아서 크게 부족함도 없었다. 아버지는 대학교에 복사실을 차려서 한 장에 10원, 20원 하는 복사를 하며 집도 사고 자식들을 대학에 보내고 결혼도 시켰다.

아버지는 자주 내 강의를 들으러왔다. 내 얘기를 듣고 자신의 꿈인 전원주택 사진을 방에 붙여놓고 아침저녁으로 꿈을 이루는 행복한 상상을 하기도 했다. 그랬더니 지금 부모님은 계곡 옆 땅 100평을 사서 집을 지어 살고 있다.

장애가 있다고, 하는 일이 고작 10원짜리 복사라고 희망이 없다 할 수도 있지만 아버지는 늘 꿈꾸듯 삶을 살아갔고, 이내 이루었다. 나는 이런 아버지가 너무 자랑스럽다.

상상만 할 수 있다면 그 어떤 것도 문제가 될 수 없다. 만약 당신이 지금 좌절에 빠져 아무것도 할 수 없는 상황이라면, 그야말로 기회 중의 기회다. 아무것도 하지 말고 상상하라. 원하는 생각이 얼마나 많은 것들을 바꾸는지 꼭 경험해보기 바란다.

생각하는 시간을 확보해야 한다

많은 사람들이 '아이디어가 떠오르는 즉시' 원하는 바를 이루기 위한 행동을 시작한다. 그러나 충분한 생각 없이 의지를 불태우면 뜻하지 않은 문제에 봉착하게 된다. 그러니 어떤 이들은 아이디어가 나오면 일단 실행해보고 안 되면 바로 포기하는 형태의 삶을 반복하며 살아가기도 한다.

하고 싶은 일이 생겼을 때는 우선 그에 대한 생각을 충분히 하고 일을 시작하는 것이 뇌를 활용하는 데 유리하다. 그 행동을 하는 데 적합하도록 뇌가 바뀔 시간이 필요하기 때문이다. 어떤 행동을 해야겠다는 아이디어가 떠오르더라도 우선 참고 생각해보는 것이 좋다. 도저히 그 행동을 하지 않고는 못 배길 때가 온다면, 그건 뇌가 그 행동을 하기에 알맞도록 바뀌었다는 신호다.

그럼에도 불구하고 당신이 매우 즉흥적인 사람이라면 하고 싶은 게 생겼을 때 바로 실행해야 성미가 풀릴 것이다. 즉흥적으로 행동을 시작했더라도 목표를 향해 나아가는 과정에서 원하는 것에 대한 생각을 충분히 한다면 성공할 수 있다. 조금 더 좌충우돌하겠지만 말이다.

사실 일을 시작하기 전 생각하는 시간을 갖는 것보다 중요한 것이, 일을 시작하고 나서 생각하는 시간을 갖는 것이다. 일을 시작하기 전에 충분히 생각할 시간을 가졌더라도, 정작 목표를 향해 나아가는 과정에서 생각하는 시간을 빼먹으면 필연적으로 망하게 된다.

당신이 지금 성공의 단계에서 어느 위치에 있든지, 매일매일 시간을 내어 오로지 원하는 생각에 집중하는 시간을 가져야 한다. 이것을 빼먹으면 꿈이 현실로 다가오는 과정에서 모든 것이 수포로 돌아갈 수도 있다. 목표에 맞게 프로그래밍됐던 뇌가 다시 원래의 형태로 놀아가기 때문이다.

누구나 처음에는 의지가 대단하다. 헬스장을 등록할 당시에는 몸짱이 되리라는 각오로 시작한다. 그러나 생각보다 빨리 헬스장을 가지 않을 이유를 찾게 된다. 그렇게 '열심히 했으니 오늘은 좀 쉴까?' 혹은 '내일 일찍 일어나야 하는데 오늘은 쉬자' 같은 내면언어가 나오게 된다.

이럴 때는 이렇게 해보자. 운동은 잠시 쉬어도 좋다. 대신 '운동이 너무 하고 싶다', '운동하면 기분이 너무 좋다'와 같은 말을 하면서 내면언어를 바꾸어보자. 당장은 운동을 하지 않더라도 '운동하고 싶다'라는 내면언어가 나오기 시작하면, 이내 운동으로 스트레스를 풀고 있는 자신을 발견할 것이다.

3장

성공을 방해하는 함정들

3-1

인성이 좋아야
성공한다?

우리 시대에 성공한 인물을 꼽으라고 한나면 '스티브 잡스'가
빠질 수 없다. 그는 이제 이 세상에 없지만 그가 남긴 발자취
는 결코 지워지지 않을 것이다. 그가 만든 스마트폰은 단순한
제품이 아니라 혁신이었다.

잡스는 모든 사람들이 컴퓨터를 가지는 상상을 했다. 지
금은 그 상상이 현실화되었지만 컴퓨터가 대중화되지 않았던
시기에 이러한 상상을 했던 그는 망상가로 보일 뿐이었다. 주
변 사람들은 모두 그의 상상에 부정적 견해를 내비쳤지만 그
는 아랑곳하지 않고 자신의 생각을 펼쳐나갔다.

그는 친구가 실패했던 한 상품에서 영감을 얻어 새 상품을
만들었고, 투자를 받아 마침내 이를 성공시켰다. 그는 다음과
같은 말을 남겼다.

"세상을 바꿀 수 있다고 생각하는 제대로 정신 나간 사람들이 세상을 변화시킨다."

나는 이 책을 읽는 독자들에게 미친 듯 꿈을 크게 가지라는 말을 해주고 싶다. 잡스의 말처럼 세상을 바꾸는 사람들은 그런 사람들이다. 돈을 많이 버는 상상을 하라. 거기에 미쳐서 살아라. 그럼 당신의 뇌가 당신을 미친 듯 크게 성공시켜 줄 것이다.

인성이 고약했던 스티브 잡스

잡스의 일생을 다룬 자료는 많다. 책이나 영화 등에서 그는 단골 소재다. 그런 작품 속에서 그가 했던 말들을 살펴보면 그가 어떤 삶의 철학을 지니고 살았는지를 알 수 있다.

"전 올바른 사람이 되는 데 관심이 없습니다. 성공에만 신경을 쓸 뿐이죠. 전 제가 잘못되는 것을 신경 쓰지 않습니다. 제가 많이 잘못된 사람임을 인정합니다. 사실 이런 것들은 제게 별로 중요치 않습니다. 중요한 것은 '옳은 일'을 하는 것이죠."

타인에게 좋은 사람이 되는 것. 우리는 여기에 많은 시간과 에너지를 쏟는다. 그러나 잡스는 그런 삶을 살지 않았다.

그는 좋은 사람이 되려 노력하기보다는 자신이 옳다고 생각하는 일에 집중했다. 오직 그것만 생각하고 살았다. 따라서 동료들이 말하는 그의 평판은 늘 좋지 않았다.

"시간이 없습니다. 누군가를 위해 당신의 삶을 버리지 마세요."

잡스는 직원들의 고충을 들어주는 사람이 아니었다. 오히려 그는 악덕 사장에 가까웠다. 코딩 한 줄을 잘못 입력한 직원에게 노발대발하기는 기본이었고, 며칠 밤을 새워서 결과물을 가져온 직원에게 '며칠 밤을 새운 결과물이 고작 이거냐'라는 식의 반응을 보이기도 했다. 그와 평생 함께 사업을 한 스티브 워즈니악도 그의 능력은 최고였다고 인정하지만 자기 자식을 잡스처럼 키우고 싶지는 않다고 밝힌 바 있다.

그런데도 왜 그는 좋은 사람으로 기억될까? 그의 엄청난 성과, 세상을 바꾼 위대한 업적 때문이다. 잡스가 죽기 전날에도 애플 부사장과 미팅을 가졌다는 일화는 유명하다. 온통 머릿속에 애플의 다음 세대 스마트폰만을 생각한 것이다.

물론 불법행위를 저지르거나 남에게 피해를 주는 삶을 살아서는 안 된다. 그러나 굳이 타인에게 좋은 사람이 될 필요도 없다. 남을 배려하고, 하기 싫어도 도와주고, 누군가에게 좋은 사람이 되려고 하는 것은 현명한 짓이 아니라 자신이 원하는 인생을 살 기회를 버리는 미련한 짓이다.

또다른 성공의 아이콘 일론 머스크 역시 마찬가지다. 10년 넘게 그를 보필한 비서가 임금 인상을 요구하자 머스크는 비서를 휴가 보냈다. 그리고 그 비서가 없어도 회사가 잘 돌아가자 비서를 해고해버렸다. 잡스와 머스크, 그들은 자신들이 이루고자 하는 삶에 미쳐서 살아가는 동시에 다른 것은 전혀 신경 쓰지 않는 삶을 살았다.

좋은 사람이 되려하지 마라

상당히 중요한 질문이 있다. 질문에 답해보기 바란다.

- 착한 사람이 되고 싶은가? 성공하고 싶은가?
- 노력하고 싶은가? 성공하고 싶은가?
- 하기 싫은 일을 하고 싶은가? 성공하고 싶은가?

이 책을 읽는 사람이라면 세 질문 모두 후자를 선택했을 것이다. 우리가 착한 사람이 되거나, 노력하거나, 하기 싫은 일을 하는 이유는 모두 성공하고 싶어서, 잘살고 싶어서이기 때문이다.

이제 우리의 삶을 되돌아보자. 주변인과 동료들을 신경 쓰느라 자신이 진짜 원하는 삶을 살지 못하고 있지는 않는가? 이런 성향은 착한사람증후군, 신데렐라콤플렉스와 같은 말로 지칭되기도 하는데, '증후군, 콤플렉스'와 같은 단어로 표현되는 것만 보아도 얼마나 불필요한 특성인지를 알 수 있다.

'남에게 좋은 사람이 되어야 복을 받는다', '언젠가 그들의 도움을 받을 수도 있다'라는 어처구니없는 논리에 빠진 사람들은 자신의 삶을 살 용기가 없는 사람들이다. 그렇기에 자신이 진정 바라지도 않는 '좋은 사람이 되는 것'을 목표로 살아간다.

우리가 타인에게 좋은 사람이 되려하는 이유로 거론되는 논거 중에는 여러 가지가 있다. 그중 가장 쉬운 설명은 인간이 사회적 동물이라는 것이다. 원시시대의 인간은 조직을 통해 안전하게 살 수 있었다. 그러다보니 인간은 자연스럽게 '관계'에 집착하도록 진화됐다는 얘기다.

그러나 지금은 원시시대가 아니다. 당신이 성공하기 위해서는 이러한 본능에 대해 다시 생각해봐야 한다. 잡스는 인성이 나빴지만 위대한 업적을 이뤘다. 현대사회에서 성공하는 사람들은 상상을 이내 현실로 만드는 사람들이다. 그들은 단순히 착하게, 열심히, 누군가 시키는 대로 살지 않았다. 성공은 그런다고 되는 것이 아니기 때문이다.

3-2

책을 많이 읽어야
성공한다?

독서는 부자들의 공통적인 습관으로 알려져 있다. 순자산 320만 달러 이상의 부자들을 대상으로 진행된 연구결과에 따르면, 부자들의 90%는 책 읽기를 좋아하며 하루 30분 이상 책을 읽는다고 한다. 자동차 안에서 오디오북을 듣는다고 응답한 부자도 63%에 이르렀다. 실제로 부자들은 독서를 게을리하지 않는다는 뜻이다.

그런데 여기서 짚고 넘어갈 부분이 두 가지 있다.
1. '부자들이 독서를 많이 한다'라는 사실은 '책을 많이 읽으면 부자가 된다'라는 사실을 입증하는가?
2. 부자들이 읽는 책은 어떤 종류의 책인가?

책을 읽는다고 성공하는 게 아니다

마이크로소프트의 창업자 빌 게이츠는 책을 많이 읽는 것으로 알려져 있다. 그러나 이것을 보고 '책을 많이 읽어야 성공하는 구나'라고 생각한다면 그 사람은 가난한 뇌를 가진 것이다.

게이츠는 책을 읽어서 성공한 것이 아니라, 필요할 때 책으로 정보를 얻었을 뿐이다. 머릿속이 성공으로 가득해지면 필요한 정보들이 자꾸 눈에 보인다. 그런 사람들은 자연스럽게 관련된 책을 찾게 된다.

게이츠는 독서광이지만 독서가 그의 성공비결이라 말할 수는 없다. 성공하기 위한 아이디어를 독서로 얻었을 수는 있다. 그러나 기회를 보고 사람을 만나고 성공에 접근하는 행동들을 '독서를 했기 때문이다'라고 설명하기엔 무리가 있다.

게이츠의 머릿속은 온통 개인용 컴퓨터를 만드는 생각으로 가득했다. 그렇게 뇌가 프로그래밍되었고 그가 성공을 이루도록 도왔다. 결론은 책을 읽어야 성공하는 것이 아니라 성공할 이들은 많은 정보를 필요로 하기에 책을 많이 읽는 경향을 보인다는 얘기다.

그렇다면 게이츠는 어떤 책을 읽었을까? 그가 과연 자기계발서를 읽고 성공했을까? 그가 마이크로소프트를 창업할 당시 그는 온 세상 사람들의 책상에 컴퓨터가 놓여있는 상상을 했다. 당시 그는 프로그램 코딩에 미쳐있었다. 당연히 코딩 관련 도서를 탐독했다.

부자들은 대중의 흥미와 재미를 위해 써놓은 책들이 아니라, 필요한 기술이나 정보를 얻는 데 도움이 되는 책들을 읽는다. 최근에는 책이 아닌 유튜브 영상이나 구글 서치를 통해 정보를 얻는 부자들도 많다. 핵심은 정보를 얻는 데 있는 것이지 독서에 있는 게 아니다.

무엇보다 부자의 뇌를 만들면 세상의 모든 정보를 사랑하게 된다. 무엇을 보아도 무엇을 들어도 거기서 성공의 길을 발견하니까. 그것이 부자들이 책을 많이 읽는 이유다. 결국 부자들의 독서 또한 뇌가 시켜서 하는 일이다.

자기계발 업계의 현실

잘 생각해보자. 주변에 책을 읽어야 성공한다고 말하는 사람들 중 정말 성공한 사람이 얼마나 되는지. 특히 자기계발서를 추천해주는 사람들 말이다.

솔직히 말해 자기계발서 작가 대다수는 자기계발 내용을

팔아서 돈벌이를 하는 사람들이다. 물론 진짜로 성공해 자선사업을 하듯 성공의 노하우를 전하는 작가도 있다. 그러나 모든 시장이 그렇듯 상위 1%를 제외한 나머지 99%는 그걸 생업으로 삼아 그럭저럭 먹고사는 사람들이다.

또한 그들 중 상당수는 성공과는 거리가 먼 삶을 살고 있다. 실제로는 평범한 삶을 살고 있으면서 마치 자신은 아는 것이 많고 경험이 많은 것처럼 말한다. 개중에도 말을 기가 막히게 잘해 독자들을 현혹시켜 큰돈을 버는 이들이 있지만, 자기만 잘살지 독자의 인생을 바꾸지 못하는 건 똑같다.

물론 이런 시장이 존재하는 것은, 책을 가까이해야 한다고 강박적으로 생각하는 가난한 독자들이 있기 때문이다. 이들은 책을 읽지 않고 있거나 자기계발 모임에 나가지 못하면 자신의 인생이 망가질지도 모른다는 불안감에 빠져서 산다. 이런 심리를 자극해서 돈을 버는 사람들이 있다는 사실을 꼭 기억하자.

가난한 뇌는 계속해서 더 좋은 자기계발서, 더 좋은 자기계발 강의 콘텐츠를 찾는다. 더 나은 자기계발 이론을 찾아야 성공한다는 생각과 찾지 못하면 도태된다는 생각에 사로잡혀 있다. 끝없는 자기계발의 굴레로 자신을 밀어넣는다. 이처럼 하고 싶지 않은 일을 해야만 살 수 있는 강박에 갇히면, 나이가 들수록 삶이 더욱 고되어진다.

늙어서도 일해야만 하는 삶과 일을 하지 않아도 돈이 넉넉한 삶, 이 중 당신이 진정으로 원하는 삶의 모습이 무엇인지 생각해보라.

성공하고 싶다면 필요한 정보를 습득할 수 있는 책을 읽어라. 간단한 예를 들어보자. 테니스 선수로서 성공하고 싶은데, 동기부여에 대한 책만 읽고 있다면 성공할 수 있을까? 마이클 펠프스가 매일 마인드컨트롤 잘하는 법에 대한 책을 읽었다면 세계 최고의 수영선수가 될 수 있었을까?

운동선수로서 성공하는 가장 확실한 길은 뛰어난 선수의 플레이 영상책을 보고 연습할 때나 쉴 때나 혹은 잠을 잘 때에 자신이 운동을 잘하고 있는 상상과 챔피언이 된 상상을 반복하는 것이다. 각 종목에서 챔피언이 된 이들의 비결을 들어보면 하나 같이 이렇다. 성공하고 싶어서 자기계발서를 읽는 것은 운동선수가 역사책을 읽는 것과 똑같은 맥락이다.

필요한 지식은 필요한 때 찾으면 된다

성공은 결국 각 분야의 전문지식으로 이루어진다. 그러나 내가 그 분야의 전문가가 아니라고 해서, 제대로 된 교육을 받아본 적이 없다고 해서 걱정할 필요는 없다. 그 분야에서 성공하기 위한 뇌가 이미 갖춰져있다면 성공하기 위해 필요한 지식은 아주 빠르게 습득할 수 있기 때문이다.

상상을 통해 성공에 대한 아이디어를 얻으면, 뇌는 그 아이디어를 실현시키기 위해 필요한 정보들을 얻고자 행동에 나서기 시작한다. 그러면 전문서적, 논문, 인터넷 검색을 구분하지 않고 정보를 탐독하여 아이디어를 실현시킨다.

심지어 전문가가 되기 위해 가장 오랜 수련기간이 필요하다는 의학 분야에서도 이것이 가능하다. 15살 중학생이 의사들도 60년 넘게 해결하지 못한 의학계 난제를 해결한 사례가 있다. 그의 이름은 잭 안드라카.

미국 메릴랜드주에 살던 잭은 가족처럼 생각하던 이웃 테드 아저씨가 췌장암으로 갑작스럽게 세상을 떠나자 큰 충격에 휩싸였다. 췌장암은 대부분 말기에 발견되어 사망률이 95%에 이르는 암이다. 그래서 대부분의 질환자는 췌장암 발견 이후 3개월에서 6개월 안에 사망하게 된다.

문제는 췌장암을 미리 진단할 마땅한 방법이 없다는 것이다. 그때까지 사용되던 췌장암 진단법은 60년 전 방식으로 검사 시간이 14시간이나 걸렸다. 검사 비용도 매우 비쌌으나 정확도는 겨우 30%에 불과했다.

잭은 췌장암을 진단할 더 좋은 방법을 찾고 싶어 인터넷으로 암에 대해 공부하기 시작했다. 찾고 또 찾은 결과 잭은 췌장암에 걸린 사람의 혈액에 특정 단백질이 증가한다는 사실을 알게 되었다.

그렇게 그는 500편 이상의 논문을 읽어가며 4,000번의 도전을 한 끝에 췌장암 진단 키트 개발에 성공했다. 잭이 발명한 새로운 췌장암 검사 키트의 소요 시간은 단 5분에 불과했으며, 금액 또한 3센트로 전보다 2만 5,000배 이상 저렴하게 측정이 가능했다. 정확도는 거의 100%였다.

무엇보다 잭이 이 모든 것을 해내는 데 걸린 시간은 단 7개월이었다. 의학계 전문가들이 수십 년간 해오지 못한 걸 이토록 짧은 시간에 이룩한 것이다.

한번 생각해보자 중학생 아이가 의학 논문 500편을 7개월 만에 모두 읽었다? 실제로 연구하고 개발하는 기간을 제외하고 계산해봐도 하루 2.5권의 논문을 매일 읽었어야 하는 분량이다. 아무리 똑똑하다고 해도 해당 분야에 대해 교육받은 적이 없는 중학생이 7개월 동안 매일 관련 논문을 2.5권씩 읽다니, 믿기 어려운 사실이다.

우리는 잭이 논문을 읽었다기보단 그의 뇌가 원하는 정보를 정확하게 탐구했다고 봐야 한다. 처음엔 인터넷을 통해 정보를 찾았고 이후 실험을 통해 어떤 정보들이 더 필요한지 알 수 있었다. 그는 그저 부족한 부분을 보완하기 위해 논문의 관련 파트만 찾아본 것이다.

만약 잭이 자기계발서를 읽는 학생이었다면 이렇게 성공할 수 있었을까? 자기계발서의 메시지들은 그의 성공에 아무런 영향을 미치지 않았다. 오히려 자기계발서를 읽고 허황된 행동으로 자신을 옥죄고 있었다면 이런 담대한 도전에 나서지도 못했을 것이다.

억지로 책을 읽을 필요가 전혀 없다. 원하는 생각을 계속할 수 있다면 아이디어는 내가 즐겨보는 영화나 드라마 혹은 뉴스에서도 찾을 수 있다.

복싱 챔피언은 주로 복싱 비디오를 보고, 코치에게 훈련을 받아 챔피언이 된다. 세계적인 피아니스트 역시 악보 보는 법을 배우고, 스승에게 훈련을 받아 피아니스트가 된다. 무엇이든 자신의 분야에 대한 생각만 하는 사람들이 성공한다.

이들은 미라클모닝을 해야 성공한다거나, 성공에 대한 책을 많이 읽어야 성공한다고 말하지 않는다. 이들은 아마도 그것들이 별로 도움이 되지 않는다는 사실을 본능적으로 체감하고 있을 것이다.

복싱, 피아노 외에도 모든 성공은 해당 분야 위에서 이뤄지는 것이다. 그러니 모든 성공에 공통적으로 도움이 되는 자기계발적 행동이 있을 리 없다.

그런데 미디어에서는 왜 유독 성공하고 싶다면 자기계발을 해야 한다고 강조할까? 둘 중 하나다. 사람들을 현혹시켜 돈을 벌기 위함이거나, 아니면 그들도 정말로 힘들게 살아야 성공할 수 있다고 믿고 있거나.

3-3

워라밸을 유지해야
성공한다?

현재 지구상에서 최고의 부자를 꼽는다면 단연 일론 머스크
다. 그의 자산 보유량 순위는 그때그때 바뀌지만, 오늘날 대
중의 뇌리에 가장 큰 이미지를 각인시킨 부자를 꼽으라면 그
를 빼놓을 수 없다.

일론 머스크가 돈을 버는 이유

먼저 머스크가 돈을 버는 이유부터 알아보자. 그의 인생에 있
어 돈이 필요한 이유는 무엇일까? 머스크는 인류를 화성으로
이주시키는 원대한 꿈을 꾸고 있다. 그런데 그것을 실현시키
려면 천문학적인 돈이 필요하다. 그래서 그는 돈을 벌 수 있

는 비즈니스를 계속해서 만들어내는 것이다.

그에게 인류를 화성으로 이주시키는 일, 돈 버는 일 이외의 것은 별로 중요하지 않다. 실제로 앞서 소개한 비서를 해고시킨 일화나, 언론에 자주 보도되는 그의 막말과 각종 구설수를 보면 그에게 '관계'나 '평판'은 그다지 중요하지 않은 것으로 보인다.

그는 벌어들인 돈으로 호화롭게 사는 일에도 그다지 흥미를 보이지 않는다. 머스크는 한 인터뷰에서 이런 질문을 받은 적이 있다.

"사람들이 이야기하더군요. 내가 일론 머스크만큼 돈을 벌었으면 해변에 앉아 맥주나 마시면서 석양을 바라보고 있을 텐데, 하고 말이죠. 그 말들에 대해 어떻게 생각하시나요?"

머스크의 대답은 아래와 같았다.

"글쎄요. 그렇게 살면 매우 지루할 것 같아요. 그렇게 살라고 하는 건 저에게 고문이나 다름없습니다. 그건 정말 끔찍해요. 저는 뭐가 되었든 몰두할 만한 일이 필요합니다. 그런데 그냥 앉아서 시간을 보낸다는 건 아주 짧게는 가능하지만 결국은 못 견딜 것 같아요."

가난한 뇌를 가진 사람들은 '난 돈이 있으면 신나게 놀 거야, 떠날 거야' 같은 생각을 한다. 그러나 부자의 뇌를 가진 사람들에게 가장 신나는 일은 바로 돈 버는 일이다. 그들에게는 돈 버는 일이 노는 일처럼 즐겁다.

물론 그들도 휴식할 때는 여행을 즐기고 누구보다 풍요롭게 회복의 시간도 갖는다. 그러나 그들은 돈을 벌 때 가장 큰 삶의 가치를 느낀다.

워라밸을 신경 쓰면 불행해진다

유튜브 검색창에 '일론 머스크'를 검색하면 다양한 자동완성 키워드가 따라붙는다. 그중 가장 눈에 띄는 것은 '주 100시간'이다. '일론 머스크'와 '주 100시간'에 관련된 콘텐츠가 유튜브 시청자들에게 많이 소비된다는 의미다.

'주 100시간은 기본이다'

'일주일에 100시간 일하라는 CEO'

'주 7일 일하는 일론 머스크가 말하는 워라밸'

'워라밸'이라는 단어도 눈에 띄는데, 워라밸은 'Work and Life Balance'를 가리키는 말로 일과 휴식 사이의 균형을 의미한다. 머스크는 이러한 개념을 일절 신경 쓰지 않고 오랜 시간 일하는 것이다.

그는 한 인터뷰에서 '당신은 어떻게 삶의 균형을 맞추시죠?'라는 앵커의 질문에 이렇게 대답했다. "저는 다른 사람들에 비하면 터무니없을 정도로 많은 양의 일을 합니다. 일주일에 7일 모두 일어나서 잠들 때까지 계속 일합니다."

머스크의 뇌 속에는 오로지 자신이 이루고자 하는 것들에 대한 생각만이 가득하다. 그러한 뇌가 계속해서 그를 일하게 하는 것이다. 그러니 머스크에게 워라밸은 고려대상이 아니다. 그런 것들을 고려하는 단계는 이미 아득히 초월했다는 생각이 들 정도다.

워라밸을 삶의 중요한 가치로 여기는 사람들이 많다. 그러나 안타깝게도 워라밸이란 단어의 기저에는 '어쩔 수 없이 일을 한다'라는 전제가 깔려있다. 일과 삶이 분리됐다고 느끼니 둘 사이의 균형을 맞춰야 행복하다고 생각하는 것이다.

행복하게 사는 과학적인 방법이 있다. 그건 바로 '몰입'이다. 스탠퍼드대 신경생물학 교수 앤드류 후버만Andrew Huberman의 말에 따르면 일을 하거나 일상을 보낼 때 '마음이 다른 곳에 가있는 감각'을 경험하는 사람은, 적어도 그 순간에는 자신이 불행하다고 느낀다고 한다. 지금 하는 일과 지금 처한 상황에 몰입하지 못하면 불행을 느끼는 것이다.

즉 행복은 어떤 행위를 하는지에 따라 결정되는 것이 아니라 그 행위에 얼마나 집중하느냐에 따라 결정된다. 여행을 가서 행복한 것이 아니라 새로운 것이 가득한 여행에 몰입하니 행복한 것이다. 여행을 가더라도 여행에 집중하지 못하고 있다면 스트레스를 받을 수밖에 없다. 반대로 당신이 사무실에 있더라도 지금 하는 일에 집중하면 충분히 행복감을 느낄 수 있다.

결론을 정리하자면 어느 순간이든 본인이 하고 있는 경험에 온전히 집중하고 몰입하는 능력을 키우는 것! 혹은 자신이 몰입할 수 있도록 주변 환경을 바꾸어나가는 것! 이것이 행복한 삶을 사는 데 있어 가장 중요한 요인이라는 사실을 우리에게 시사한다.

주도적으로 생각하며 일해라

사실 이 세상에 일론 머스크만큼 많이 일하는 사람은 많다. 특히 우리나라에는 열심히 사는 사람이 정말 많다. 야근이나 주말 근무를 당연하게 여기는 이들도 있다. 개중에는 과로사라는 정말로 비극적인 죽음을 맞는 이들도 있다. 한 해에 우리나라에서 일어나는 과로사는 500명 정도로 추정된다.

누군가는 열심히 일해서 세계 최고의 부자가 되고, 누군가는 열심히 일해서 세상을 등진다. 이렇게 보면 머스크의 성공이 일하는 양 때문만은 아닌 거 같다. 둘의 차이는 무엇일까? 답은 주도적인 생각에 있다.

2021년 통계에 따르면 사람들은 하루에 5분도 주도적인 생각을 하지 않는다고 한다. 이 통계는 앞으로도 마찬가지일 것이다. 따라서 당신처럼 이 책을 읽고 생각의 힘을 깨우친 사람은, 그것만으로도 상위 5% 안에 들어가는 삶을 이룰 수 있다.

우리가 주도적으로 무언가를 생각할 때에는 전두엽이 작동하기 시작한다. 반대로 SNS나 킬링타임용 영상을 들여다볼 때 전두엽은 제대로 일하지 않는다. 이런 시간이 오래 지속되면 전두엽의 주도적인 기능은 점차 상실된다.

전두엽의 기능이 망가지면 감정 컨트롤이 어려워지고 극도의 스트레스를 느끼게 된다. 그러면 평소에 안 하던 행동을 하거나, 반대로 무기력에 빠져 극단적인 선택을 하기도 한다. 킬링타임이라는 것은 사실 시간을 죽이는 것이 아닌 내 뇌를 죽이는 시간이라는 의미가 되겠다.

자신이 추구하는 성공에 대한 주도적인 생각 없이 그저 열심히 살다 보면 언젠가 성공할 수 있을 것이라고 기대하는 것은, 계속해서 결핍에 허덕이는 삶을 살겠다고 기도하는 것과 같다. 이런 상태에서는 절대 성공이라는 것을 볼 수 없다. 성공을 볼 수 없으니 노력하여 일정한 성과를 내도 시간이 지나면 다시 원래 자리로 되돌아오는 것이다.

　성공한 사람들을 보자. 그들은 각자의 자리에서 자신의 삶을 주도적으로 이끄는 사람들이다. 주도적인 삶은 그 자체로 성공한 삶이다. 내가 생각하는 대로 살아가는 것만으로도 엄청난 자신감과 힘을 느끼게 된다.

　자신이 하는 일에서 성공하는 생각으로 머릿속을 가득 채운다면 시간이 지나며 뇌의 능력이 개방된다. 그럼 신나서 그 일을 할 수 있다. 그로 인해 돈을 벌게 된다면 그 일에 투입할 더 많은 에너지와 시간을 확보할 수 있다. 몰입으로 가득한 삶을 살게 되는 것이다.

　그러니 중요한 것은 워라밸 자체가 아니다. 당신의 뇌에 당신이 원하는 삶의 모습이 선명하게 입력되어있느냐 그러지 못하냐에 따라 삶의 행복과 인생의 가치가 달라진다. 꼭 무엇인가를 포기하거나 희생할 필요는 없다. 다만 원하는 생각을 머릿속에 가득 채우면 된다.

3-4

하기 싫은 일을 해야
성공한다?

"신이 완벽하게 만든 단 하나가 뭔지 알아요? 제 복싱
전적이에요."

21년간 50전 50승 0패, 메이 웨더는 모두가 인정하는 세
계 최고의 복싱 선수다. 무패로 다섯 체급을 제패한 그의 기
록은 프로복싱 역사상 전무후무한 기록이다.

그는 세계에서 가장 많은 돈을 번 복서이기도 하지만 세계
에서 가장 많은 돈을 번 스포츠 선수이기도 하다. 오늘날 그
가 유튜브 등지에 나와 인터뷰하는 내용을 들어보면 그는 복
싱뿐 아니라 돈 자체도 무척이나 좋아한다.

그는 마지막 매치였던 코너 맥그리거와의 경기에서 약
3,700억 원을 벌어들였다. 경기시간 28분으로 수익을 환산
하면 초당 2억 원씩 번 셈이다.

메이 웨더의 성공요인

메이 웨더는 한 방송에서 "나는 하기 싫어도 새벽이면 일어나 운동을 한다"라고 밝힌 바 있다. 그의 발언을 보면 알 수 있듯 그는 매우 엄격한 자기관리와 트레이닝을 유지하는 운동선수로 정평이 나있다.

그러나 만약 당신이 아직도 이 얘기를 듣고 '역시 힘들어도 참고 노력하면 성공하는구나'라고 생각한다면 참으로 안타깝다. 그렇게 생각하는 것은 가난한 뇌를 가진 사람의 사고방식이기 때문이다.

실제로 흔한 자기계발 강사들은 하기 싫은 일을 하라고 가르친다. 그들은 '하기 전에는 썩 내키지 않지만 하고 나서 기분 좋은 것을 해야 한다'라고 가르친다. 예를 들면 운동, 책 읽기, 새벽형 인간 되기 등이다. 그리고 '하기 전에 기분이 좋지만 하고 나서 기분이 나쁜 것은 하지 말아야 한다'라고 가르친다. 예를 들면 술, 담배, 게으름 피우기 등이다. 모두 그럴싸한 말들이다.

우리는 노력 이면에 있는 메이 웨더의 성공요인을 봐야 한다. 메이 웨더는 어린 시절부터 세계 최강 파이터들의 경기 영상을 보며 자랐다고 한다. 그는 영상 속 파이터들의 장점이 자신의 장점이 될 것이라 믿으며, 미래에 세계 챔피언이 될 자신의 모습에 대한 상상으로 하루하루를 보냈다.

이 책을 처음부터 잘 따라온 독자라면 벌써 메이 웨더의 성공요인을 찾아냈을 것이다. 매일 챔피언이 된 모습을 상상하던 그의 뇌가, 스스로를 성실하게 노력하도록 만들어 세계 최고가 된 것이라는 사실을 말이다.

메이 웨더는 어렸을 때부터 세계 최정상급 복서가 된 자신의 모습을 머릿속에 그리고 있었다. 그렇기에 그러한 상상을 현실로 만들기 위해 필요한 수많은 노력을 즐겁게 버틴 것이다.

성공한 사람들의 인지부조화

엄밀히 말해서 메이 웨더에게 새벽 운동은 '하기 싫은 일'이 아닌 '하고 싶은 일'이었다. 물론 육체적 힘듦은 동반되었겠지만 그의 뇌는 신나서 새벽 운동을 즐기고 있었다. 그렇지 않았다면 오랜 시간 고된 훈련을 버텨내는 것 자체가 불가능했을 것이다.

다만 메이 웨더가 이러한 사실을 인식하고 있었는지 아닌지는 별개의 문제다. 훈련 당시 그는 자신의 뇌가 훈련을 즐기고 있다는 사실을 인지하지 못했다. 그가 새벽 운동에 대해 "하기 싫어도 한다"라고 말한 것은 이런 이유에서다.

메이 웨더뿐 아니라 힘든 시련을 통해 성공한 이들 대부분이 이러한 지점을 잘 인식하지 못한다. '당시 나의 상황은 객관적으로 좋지 못했다.' 성공한 이들에게, 성공하기 이전의 상황을 물어보면 대부분 이렇게 답변한다. 다들 약속이나 한 것처럼 '객관적으로'라는 단어를 붙이는 것이다.

'객관적으로'라는 것은 그 당시의 상황을 타인의 시선에서, 혹은 상식의 수준에서 바라본다는 것을 의미한다. 그 이유는 무엇일까? 이들 스스로의 입장에선 그 당시가 힘들었는지 아닌지에 대해 명확한 판단이 서지 않기 때문이다.

현실적인 여건과 육체는 힘들었을지언정 이들의 뇌는 신나서 그 시련을 즐기고 있었다. '누가 봐도 내 사업은 망하기 일보직전이었지만, 나는 내가 이미 성공에 다다랐다고 생각하고 있었다.' '남들은 그토록 극심한 훈련을 어떻게 버텨내는지 의아했겠지만, 나는 내 몸을 혹사시킬 때마다 묘한 기쁨에 차올랐다.' 이러한 인지부조화가 이들의 기억 속에 자리 잡고 있는 것이다.

성공한 이들 대부분은 이런 인지부조화에 대해 깊게 통찰해보지 않는다. 이미 성공을 달성한 입장에서는 오랜 시간 고민해볼 필요가 없는 문제이기 때문이다. '객관적으로'라는 단어는 바로 이 부분에 대한 판단을 유보했기에 나온 표현이라 할 수 있다.

어떤 성공자들은 '힘들었던 시련을 나의 의지력으로 이겨냈다'라고 포장하기도 한다. 그렇게 표현하는 편이 자신의 위대함을 과시하기에 좋기 때문이다. 혹은 정말로 그렇게 믿고 있을 수도 있다.

불행한 점은 이러한 오해가 자기계발 시장을 거치면서, '하기 싫은 일을 해야 성공한다'라는 경구로 와전되어 퍼진다는 것이다. 이를 그대로 받아들인 사람들은 육체적으로도 힘들고, 자신의 뇌도 하기 싫어하는 일을 억지로 반복한다. 그러면서 자신이 언젠가 성공할 수 있으리라 착각한다.

어떻게 살아야 하는가?

전 명지대학교 심리학 교수이자 『노는 만큼 성공한다』, 『남자의 물건』 등을 집필한 김정운 교수는 우리가 어떻게 살아야 하는지에 대해 이런 이야기를 한 바 있다.

"개미는 너무 열심히 일해서 병든 개미들이 넘쳐났고, 베짱이는 병든 개미들을 위한 위문 공연을 다니며 더 잘살게 되었습니다."

개미와 베짱이 이야기는 다들 알 것이다. 개미는 겨울이 오기 전 열심히 일해서 추운 겨울을 따뜻하고 배부르게 보내는데 베짱이는 모아놓은 것이 없어 비참하다는 이야기다. 그런데 김정운 교수가 그 이야기를 '현대판'으로 바꾸어 풀어내니 더 잘살게 된 것은 개미가 아닌 베짱이였다.

인간이 생존하는 데 있어 식량 생산이 가장 중요한 문제였던 과거에는 '하기 싫어도 하는 것'이 굉장히 큰 가치를 지니고 있었다. 그러나 개인의 창의성이 중요해진 현대 사회에서 하기 싫어도 하는 것은 독으로 작용한다. 창의성을 발휘하는 뇌의 역량을 갉아먹기 때문이다.

고통을 견디면 성공한다? 절대 아니다. 고통을 견디는 것은 마치 당신의 뇌를 채찍질하는 것과 같다. 혹은 정박해있는 배의 닻을 올리지 않고 계속해서 엔진을 돌리는 것과 같다. 그러면 정신의 건강과 육체의 건강을 모두 잃게 된다.

하루 종일 하기 싫은 업무에 시달리다가, 집에 오는 길에 자기계발 영상이나 자기계발서를 읽는다고 해서 성공할 수 있을까? 그저 맞는 것 같은 말들을 보고 고개를 끄덕인다고 삶이 변할 수 있을까? 이제는 왜 그토록 당신의 삶이 변하지 않았는지를 알았을 것이다.

그렇다고 그때그때 당신의 욕구대로, 하고 싶은 대로 하며 살라는 얘기가 아니다. 당신이 진정으로 원하는 목표를 당신의 뇌도 원하게 만들라는 얘기다. 당신의 의지와 당신의 뇌가 힘을 합쳐 한 방향으로 나아가게 하라. 그렇게 되면 하고 싶은 일과 하기 싫을 일의 구분이 무의미해진다.

이를 위해 가장 중요한 것은 원하는 생각으로 머릿속을 가득 채우는 것이다. 현재 내가 처한 상황 또는 나의 능력 부족을 따지지도 말고 곱씹지도 말라. 오로지 원하는 생각을 하는 데에만 집중해야 한다.

부와 성공의 재료는 환경, 상황, 능력이 아니다. 그런 것은 전혀 고려하지 말고 원하는 생각만 하면 된다. 더 나아가 다른 모든 것은 다 포기해도 된다. 하지만 당신이 성공한 모습에 대한 생각과 상상은 절대 포기하면 안 된다. 인생을 완전히 바꾸어 성공하고 싶다면 말이다.

당신이 원하는 생각

원하는 것에 대한 생각으로 머리를 가득 채운다. 말로 표현하면 간단하지만 상당한 집중력을 필요로 하는 작업이다. 당신 또한 이를 직접 시도해보면 결코 쉽지 않다고 느낄 것이다. 그럼에도 불구하고 계속해서 시도하다보면 나중에는 버릇처럼 그에 대한 생각을 하게 된다.

중요한 것은 내가 진정으로 원하는 것을 생각하는 것이다. 오늘도 내일도 1년 뒤에도, 10년 뒤에도 꾸준히 원하고 있을 것을 찾아야 한다. 지금은 원한다고 생각했던 것이 몇 달이 지나고 별로 중요하지 않게 느껴진다면, 우리는 그에 대한 생각을 더 이상 하지 않게 된다. 그러면 공연히 노력과 시간을 날린 것이 되어버린다.

당신이 무엇을 원하든 '돈을 좇는 것'은 언제나 정답이다. 내가 2,000회 정도 강연을 하고 깨달은 점은 '돈'을 등한시한 채 '가치'만을 좇는 사람들은 언제나 안타까운 결과를 맞이한다는 것이다. '돈은 중요하지 않다'라고 생각하는 순간, 당신은 아무리 많은 가치를 지니고 있어도 돈을 벌 수 있는 기회를 볼 수 없게 된다.

나 역시 그랬다. '언젠가 사람들이 알아주겠지'라고 생각했다. 그러나 그것은 엄청난 착각이었다. 그들에게 나의 친절과 희생은 그저 당연한 것이었다. 당신이 어마어마한 가치를 제공하더라도 그것이 무료라면 사람들은 당신의 가치를 알아보지 못한다. 오히려 그것이 당연한 줄 알게 된다.

잘 생각해보면 사람들은 보통 가성비가 좋은 것을 찾으면서도, 본인의 기쁨을 위해서는 고가의 가방, 신발 등을 척척 구매한다. 때로는 그것이 '고가라서' 가치가 발생하는 경우도 있다. 가격이 있기에 만들어지는 가치가 틀림없이 존재하는 것이다.

모든 가치는 돈에 연결되어야 의미가 있다는 점을 기억하자. 돈만 따라가라는 이야기가 아니다. 돈을 벌 생각을 하면 자신이 어떤 가치를 만들 수 있는 사람인지 알게 된다는 것이다. 그 가치에 값을 매겨 판매하면 당신은 생각보다 빠르게 부자가 될 수 있다.

나 역시 돈에 대한 생각으로 고민을 시작하자 길을 보였다. 앞서 말한 '1,000억 원을 벌었다'라는 생각을 반복한 것이다. 그러자 어떻게 1,000억 원을 벌었는지에 대한 이미지가 그려지기 시작했다.

"나는 대한민국 건국 이래 가장 많은 부자를 만든 마인드 거장이자 사업가이다."

나의 머릿속에 위와 같은 이미지가 떠올랐다. 내가 진정으로 원하는 꿈은 '많은 사람과 함께 부자가 되는 것'이었기 때문이다. 곧이어 이러한 이미지를 현실화시킬 수 있는 방법들이 보이기 시작했다. 내가 가진 능력들을 점검해본 결과 '많은 사람들이 함께 부자가 되는 인터넷 플랫폼을 만들자'라는 구상에 도달했다. 나는 그렇게 '인리치 아카데미'라는 홈페이지를 개설하게 되었다.

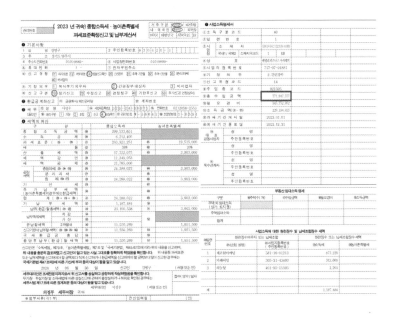

위 문서는 나의 2023년 세금납부계산서다. '사업소득명세서'의 '총수입금액'을 보면 2023년에만 약 '771,947,577원'을 벌어들인 것을 확인할 수 있다. '많은 사람과 함께 부자가 되는 것'이라는 나의 꿈을 실현하며 벌어들인 돈이다.

3-5

행운이 따라야
성공한다?

열심히 살아야 성공한다는 잘못된 믿음이 우리 사회 도처에 만연해있다. 그러나 이러한 믿음을 갖고 있는 사람 대부분이 아무리 열심히 살아도 성공의 문턱조차 밟아보지 못한다. 사람들은 결국 '나는 행운이 부족해 성공하지 못했다'라는 엉뚱한 결론을 내려버린다. 그러고는 자신에게는 왜 이렇게 성공할 기회가 안 오는지 한탄한다.

그런데 잠깐. 운이 없다고? 기회가 안 온다고? 부자의 뇌를 지니면 알 수 있다. 내 삶에 어찌나 이렇게 기회가 많은지 까무러칠 정도다. 그저 가난한 뇌를 지녔기에 이런 것들을 보고 느낄 수 없을 따름이다. 나에게 운이나 기회가 없는 것이 아니다.

안타깝지 않은가? 지천에 돈을 벌 방법이 가득한데 그것을 볼 수 없다니 말이다. 손만 뻗으면 자신이 그토록 원하는 풍요로운 삶을 살 수 있는 기회를 잡을 수 있는데 그러지 못하니 말이다. 이 모든 게 잘못된 자기계발서에서 잘못된 지침을 배웠기 때문이다.

뇌의 활동을 행운으로 오해하다

사실 뇌가 활동하여 우리의 일을 도우면 당사자의 입장에선 마치 행운이 찾아온 것처럼 느껴지기도 한다. 상상을 현실화시키는 뇌의 작용을 모르는 사람으로서는 어쩔 수 없는 일이다.

갑작스레 해결 방법이 보이기 시작한 점, 왜 이런 변화가 일어난 건지 인지하기 어려운 점 등 뇌와 행운의 작동방식에 유사한 부분이 있기 때문이다. 그렇기에 많은 이들이 뇌를 활용하여 이룬 성공을, 행운이 찾아와 거둔 성공으로 오해하기도 한다.

여기서 잠깐 연예인 강호동의 이야기를 해보려한다. 정확히는 강호동이 연예인으로 데뷔하기 전 씨름선수로 활약했을 때의 이야기다. 그는 한 방송에서 과거 씨름선수 시절에 대선배였던 이만기를 이기게 된 계기를 얘기한 적이 있다.

선수 시절 그는 하루 종일 씨름만 생각했다고 한다. 자기 전에도 상상하고, 심지어 꿈속에서도 씨름 연습을 했다고 한다. 그러던 어느 날 오른배지기로 상대를 이기는 꿈을 꾸게 된다. 그는 원래 들배지기를 주로 사용하는 선수였기에 의아했다. 게다가 오른배지기는 배운 적도 없고 씨름판에서 본 적도 없는 기술이었다. 그래도 그는 오른배지기 기술을 바로 실전에 투입하였고 이를 통해 이만기를 이기게 된다.

"간절히, 간절히 바라니까 꿈속에서 기술 하나를 주더라고……."

그는 자신이 오른배지기를 떠올리게 된 과정을 행운이 찾아온 것이라고 받아들였다. 씨름 경기에서 이기기를 간절히 바라니 꿈을 통해서 행운이 찾아왔다고 본 것이다.

그러나 만일 그에게 씨름이 힘들어도 참고 억지로 하는 운동이었다면, 경기에서 상대방에게 지는 것이 두려워 억지로 훈련을 버텨냈다면 그러한 행운이 찾아왔을까? 이러한 상태에서 피어난 간절함은 오히려 그의 발목을 잡았을 것이다.

그가 오른배지기를 떠올린 것은 행운이 아닌 뇌의 활동이었다고 봐야 한다. 그가 평소에도 천하장사가 되는 것만 생각하고 경기에서 이기는 상상만 했기에 그의 뇌가 상상을 현실화할 수 있는 방법을 찾아낸 것이다.

간절함의 작동 방식

행운을 다루는 자기계발서에서 흔히 거론되는 것이 바로 '간절함'이다. 간절하게 원하면 행운이 찾아온다는 논리다. 그런데 세상에 잘살고 싶은 마음이 간절하지 않은 사람이 몇이나 될까? 간절함만으로 성공할 수 있다면 성공 못하는 사람은 없을 것이다.

중요한 건 '간절함의 형태'다. 그 중심에 자신의 성공한 이미지가 있는지, 아니면 실패한 이미지가 있는지에 따라 간절함은 행운으로 이어지기도 하고 불행으로 이어지기도 하는 것이다. 물론 여기서 말하는 행운이란 우리의 뇌가 우리를 돕는 것을 가리킨다.

간절함의 형태가 '힘들어 죽겠네! 제발 그만 가난했으면 좋겠다!'와 같다면 그 사람의 머릿속에는 가난에 찌든 자신의 모습이 새겨지게 된다. 그러면 뇌는 계속해서 그런 이미지를 현실화하기 위한 활동을 한다. 그로 인해 경제적 여건이 더욱 악화되면 그 사람은 '난 왜 이렇게 운이 없지?'라는 한탄만 반복할 것이다.

반대로 '나는 이미 부자가 됐어! 원하는 건 뭐든지 할 수 있지'와 같은 간절함을 갖는다면 그 사람의 머릿속에는 성공한 자신의 모습이 새겨지게 된다. 그리고 뇌는 그러한 상상을 현실화하기 위해 활동한다. 뇌는 철저하게 당신이 떠올리는 이미지를 현실화하기 위해 활동한다.

머릿속이 원하는 생각으로 가득차있을 때 당신은 평소와 다른 시선을 갖게 된다. 평소에 바라보는 것과 똑같은 것들을 바라보지만, 당신의 뇌가 특별한 무언가를 알아차릴 수 있다. 그것은 당신의 꿈속에서일 수도 있고, 어떠한 말을 듣거나 어떠한 장소를 지날 때일 수도 있다.

결국 모든 건 뇌가 한다는 사실을 잊지 말길 바란다. 뇌는 당신이 얼마나 열심히 뛰어다니는지에는 관심이 없다. 평소에 어떤 생각으로 어떤 이미지를 떠올리는지에 따라 세상을 볼 뿐이다.

그러니 열심히 살 생각보다, 원하는 생각에 집중하라. 진짜 중요한 본질을 놓치지 말아야 한다. 부와 성공의 열쇠는 바로 '원하는 생각으로 머릿속을 가득 채우는 것'이다.

3-6

모든 걸 알고 있어야
성공한다?

'나는 아직 부족해. 나는 아는 게 많지 않아.'

대부분의 사람들은 이런 생각을 갖고 살아간다. 이 글을 읽는 당신은 어떤지 묻고 싶다. 사람들은 자신이 부족하다 생각하기 때문에 지금 당장 도전하기보단 더 배우려한다. 또 자신의 판단을 신뢰하지 않기 때문에 스스로 생각해보는 시간을 미룬다.

배움에 끝이 없는 것은 사실이다. 우리는 성공으로 나아가는 과정에서 끊임없이 배워야 한다. 특히 요즘과 같은 세상에서는 우리가 지식을 배우는 속도보다 새로운 지식이 생산되는 속도가 더 빠르다. 그 분야에 대한 모든 지식을 다 익히려고 해도 당신은 그 속도를 따라잡을 수 없다.

그렇기에 다 배워서 실행하려 하면 우리의 인생은 평생 배우다 끝날 것이다. 다 알아야 성공한다는 생각부터 버려라.

많이 배운 것과 성공은 관계가 없다

많이 배운다고 성공하는 게 아니다. 학력이 높을수록 평균적인 연봉이 높을 수는 있다. 그러나 '인생을 뒤집을 만큼의 성공'은 배움의 정도와 상관없이 나타난다. 오히려 많이 배울수록 실패를 두려워하고 제한신념으로 자신을 가두기 때문에 이러한 성공을 달성하기가 어렵다. 반면 초등학교, 중학교도 제대로 나오지 못했지만 자수성가하여 세계적인 기업을 세운 사람의 사례는 다 나열하지 못할 정도로 많다.

대표적인 인물이 세계 최초로 자동차 대중화 성공하여 '자동차왕'이라 불린 헨리 포드다. 그가 그러한 신화를 써낼 수 있었던 건, 누구나 자동차를 살 수 있는 시대와 길 위에 마차 대신 수많은 자동차가 오가는 세상을 꿈꿨기 때문이다. 그래서 그의 뇌는 싼값으로 자동차를 공급할 수 있는 방법을 찾아낸 것이다.

미국 미시간주 작은 농촌 마을에서 태어난 그는 불편하고 느린 마차를 보며 향후 마차보다 더 나은 이동 수단을 만들겠다고 결심했다. 그는 우선 발명왕 에디슨의 기계 공장에 취업해 기술을 배웠다. 이후 직접 사업을 차려 세계 최초로 컨베이어 벨트를 비롯한 현대의 대량생산 시스템을 도입하였다. 그가 스스로를 부족하다고 생각했다면 자신의 삶을 이러한 성공으로 이끌어나가지 못했을 것이다.

포드는 이런 말을 남겼다.

"당신이 할 수 있다고 믿든 할 수 없다고 믿든, 당신이 옳다."

당신은 스스로가 무언가를 도전하기에 충분하지 않다고 생각하는가? 아니면 배움과 상관없이 무언가를 시작하고 꿈을 이룰 수 있다고 믿는가? 어느 쪽을 선택하든 당신의 생각이 옳다. 결국 미래는 당신의 믿음대로 되어있을 것이기 때문이다. 어쩌면 성공은 선택의 문제인지도 모른다.

1%의 영감이 있으면 지식은 따라온다

여기서 발명왕 에디슨의 이야기를 해보려한다. 식상하다고 불평하지 않길 바란다. 지금부터 내가 들려줄 이야기는 누구나 알고 있는 이야기지만, 잘못 알고 있는 이야기이기도 하며, 그로 인해 우리 모두의 인생에 악영향을 미칠 수 있는 이야기다.

에디슨은 '천재는 1%의 영감과 99%의 노력으로 이루어진다'라는 말을 남겼다. 이 말은 유명하지만 이 말의 뜻을 제대로 이해하고 있는 사람은 많지 않다. 이에 대해 간단한 테스트를 해보자.

당신은 이 말의 진정한 의미가 뭐라고 생각하는가?

① 천재도 결국 99% 노력으로 이루어진다.

② 99%의 노력을 해도 1%의 영감이 없으면 소용없다.

③ 1%의 영감을 만들면 99%의 노력이 채워진다.

이 책을 읽고 있는 사람들이라면 단연코 ③을 선택했으리라 믿는다. 당신은 이제 뇌를 사용하는 방법을 알고 있기 때문이다. 하지만 대부분의 사람들은 아직도 저 말의 의미를 ①, 혹은 ②로 믿고 있다. 그렇기에 안타깝게도 그들은 계속해서 가난할 것이다.

에디슨은 집집마다 손쉽게 불빛을 켜고 끄는 세상에 대한 영감을 가졌다. 즉 그러한 미래를 강하게 상상한 것이다. 그리고 오랜 시간의 공부와 연구 끝에 전구를 개발해냈다.

대부분의 사람들은 이 사실에 대해 이렇게 생각할 것이다.

'전구에 대한 영감을 가진 건 계기가 됐을 뿐 그것을 실현시킨 관건은 오랜 시간의 공부와 연구였구나' 하고 말이다. 그야말로 가난한 뇌의 사고방식이다.

에디슨은 먼저 성공을 보았다. 그렇기 때문에 그의 뇌는 어떻게 하면 성공할지에만 관심을 쏟았다. 그리고 자연스럽게 필요한 지식을 습득하게 되었다. 지식의 습득은 있거나 없을 수 있는 '변수'가 아닌 뇌가 영감을 가지면 당연히 따라오는 '기본값'인 셈이다.

1%의 영감은 99%의 노력이 뒤따라오게 만드는 성공의 열쇠가 된다. 우리가 신경 써야 할 것은 1%의 영감을 지니는 것이다. 그러면 그 영감을 실현시키기 위해 나아가는 과정에서 필요한 지식은 자연스럽게 학습하게 된다. 시작하기도 전부터 우리가 필요한 지식을 갖추고 있는지를 신경 쓸 필요가 전혀 없다.

스티브 잡스와 함께 애플을 창업한 스티브 워즈니악은 잡스에 대해 "그는 컴퓨터에 대해 아는 것이 많이 없었다. 그러나 그렇기에 애플이 성공할 수 있었다"라고 말하기도 했다. 잡스가 시도했던 혁신은, 오히려 컴퓨터 관련 공부를 많이 했고 전문지식이 가득한 사람이었다면 시도해볼 수 없는 것들이었다는 얘기다.

내가 다 배워서 해결해야 한다는 사고방식은 결국 자신을 '지식의 틀'에 가두게 된다. 내가 아는 영역 이상의 일을 하지 못하게 되는 것이다. 그러면 아무것도 이루지 못한다. 이 사실만 제대로 알고 활용해도 당신은 큰 부를 일굴 수 있다.

모든 것을 하려하지 마라

우리는 우선 '내가 모든 것을 다 해야 한다'라는 생각을 버려야 한다. 모든 종류의 사업은 그것을 성공시켜나가는 과정에서 필연적으로 다른 사람의 도움을 받아야만 한다. 스포츠 경기와 같이 개인의 역량으로 승부하는 세계에서도 타인의 도움은 필수적이다.

전구를 만들기 위해 1,000번의 실패를 했다는 에디슨조차 모든 과정을 직접 하지는 않았다. 잘 알려지지 않은 사실이지만 그에게는 수많은 연구원들이 있었다.

일본에는 100개가 넘는 병원을 운영하며 연매출 2,000억을 내는 의사가 있다. 그에게 어떤 기자가 '본인의 성공비결 하나만 꼽는다면?'이라는 질문을 하자 그는 아래와 같이 답변했다.

"사람의 힘을 빌리는 것이다. 혼자서 대단한 일을 하
긴 어렵다. 그래서 많은 사람의 힘을 빌려야 한다."

그가 빌린 '사람의 힘'은 각 병원 지점을 운영하는 원장들
과 본사에서 다양한 역할을 수행해주는 직원들에서 비롯된
다. 그는 이들의 능력을 활용하고 신뢰하는 것이 성공의 핵심
이라 정의한 것이다.

사업으로 성공한 사람이든 투자로 성공한 사람이든 부자
들의 공동점은 레버리지를 적극 활용한다는 섬이다. 그들은
타인의 노동력을 활용하거나 자본을 활용해서 더 빠르게, 더
수월하게 성공을 거둔다.

특히 타인의 노동력을 활용하면 자신의 시간을 아낄 수 있
다는 이점이 있다. 자잘한 일은 그들이 구축한 시스템과 그들
이 고용한 사람에 의해 돌아가기 때문이다.

그래서 부자들은 생각보다 시간적인 여유를 갖고 있는 경
우가 많다. 또한 이렇게 확보한 시간으로 새로운 사업을 찾고
매출을 늘릴 방법을 모색한다.

4장

성공하는 사람의 사고방식

4-1

자신의 능력을
믿어라

세계적으로 가장 유명한 화가를 꼽으라면 누가 있을까? 여러 명의 화가가 떠오르겠지만 여기서는 파블로 피카소와 반 고흐에 대해 이야기해보려한다. 정확히는 그들이 생전에 거둔 성공과 실패에 대한 이야기다. 두 화가의 인생은 부자의 뇌와 가난한 뇌를 지닌 사람의 삶이 어떻게 다르게 나타나는지를 극명하게 보여준다.

의외로 둘은 비슷한 시대의 인물이다. 피카소가 고흐보다 겨우 28년 늦게 태어났지만 고흐가 너무 일찍 세상을 떠났다는 점 때문에, 사람들은 둘을 전혀 다른 시대의 인물로 알고 있기도 하다. 또한 고흐는 네덜란드 출신이고 피카소는 스페인 출신이지만 두 화가 모두 프랑스를 주요 무대로 활동했다는 공통점이 있다.

예술적으로 비슷한 환경에 놓여있었음에도 불구하고 둘의 삶은 너무도 달랐다. 피카소는 지금도 유명하지만 살아있을 때에도 그림이 잘 팔리는 화가로 유명했다. 반면 고흐는 생전에 누군가에게 팔아본 자신의 작품이 단 한 점에 불과했다. 한마디로 고흐는 생전에 실패한 화가였다. 놀랍지 않은가? 그런 재능과 가능성을 가지고도 단 하나의 작품밖에 팔지 못했다니.

성공한 피카소와 실패한 고흐

생전이든 사후든 미술사에 막대한 영향을 끼친 두 화가의 재능에 우열을 논하긴 힘들다. 두 거장 다 비슷한 정도의 재능을 지닌 것이라면, 과연 어떤 부분의 차이가 둘의 운명을 갈라놓은 것일까?

먼저 피카소의 인생에 대해 살펴보자. 피카소의 아버지 호세는 무명이긴 했어도 식당을 장식하거나 아이들에게 그림을 가르치는 화가였다. 말을 배우기도 전에 연필을 잡았다는 이야기가 있을 정도로 피카소는 어려서부터 회화에 친숙한 환경에 놓여있었다.

피카소가 어려서부터 미술에 재능을 보이자 그의 아버지는 그를 예술학교에 진학시켰다. 이처럼 그는 부모님의 전폭적인 지원 아래 그림을 배운다. 그렇게 그는 92세까지 장수하며 수많은 작품을 남기게 된다. 그가 남긴 작품은 그림, 조각, 판화, 도예 등 3만여 점에 이른다.

이에 반해 고흐는 정식적인 미술교육을 받지 못했다. 고흐는 다른 화가들의 그림을 보고 모사하면서 회화적 기교를 익혔다. 한때 그림 수업을 수강하기도 했지만 성격적인 문제로 오래 하지 못했다.

그렇게 그가 그림을 그린 기간은 10년 남짓이었다. 5년은 무명으로 지냈고 초기 걸작 「감자 먹는 사람들」부터 시작해서 차츰 두각을 나타냈으나 고작 5년 더 그림을 그린 뒤 그는 사망했다.

제대로 된 미술교육을 받으며 성장한 피카소와 정식적인 미술교육을 받지 못한 고흐, 각자 주어진 환경을 고려해보면 오히려 고흐가 타고난 미술적 재능은 더 뛰어났던 건 아닐까 하는 생각이 들기도 한다. 그러나 고흐의 삶을 보면 알 수 있듯 재능이 있다고 반드시 성공하는 건 아니다.

스스로에 대한 믿음

그렇다면 성공하고 부를 쌓는 데 재능보다 중요한 것은 무엇일까? 두 화가의 결정적인 차이, 그것은 '스스로에 대한 믿음'이었다. 피카소는 자신의 작품이 어마어마한 가치를 지닌 예술품이라 생각했던 반면, 고흐는 자신의 작품에 만족할 줄을 몰랐다. 그렇기에 그는 평생 괴로워했다.

영화 「고흐, 영원의 문에서」에는 그의 불행한 인생이 처절하게 묘사되어있다. 수많은 사람들에게 외면당해온 그는 평생 자기 자신을 믿지 못했고, 가난하게 살며 먹을 것이 부족해 물감을 먹는 지경에 이르렀다.

왜 세기의 작품을 내놓고도 고흐는 그것을 누리지 못하고 혼자 괴로워하며 일찍 생을 마감했을까? 이러한 불행을 단순히 환경의 문제라고 볼일은 아니다. 물론 그의 부정적인 성격은 그가 놓인 환경과 무관하지 않을 것이다. 그러나 그것을 극복하지 못한 것은 결국 고흐 자신의 문제였다.

이에 반해 피카소는 스스로의 재능과 작품의 가치를 믿었고 더 나아가 자신이 성공할 것이라는 미래를 의심하지 않았다. 그 결과 피카소의 뇌는 예술가로서 성공하기 위한 전략들을 구사하게 된다.

그는 자신이 성공하기 위해서는 자신의 작품을 대중에 소개해줄 언론과 평론가들의 역할이 매우 중요하다는 사실을 깨닫고 그들을 포섭하기로 한다. 그는 자신의 작품에 대한 평론가들의 평을 적극적으로 수용해 신작을 내놓는가 하면, 언론인들에게 자신의 작품을 선물하기도 했다.

둘의 인생을 통해 우리는 성공할 수 있는지 없는지 여부가 재능의 많고 적음에 달려있는 것이 아니라는 사실을 알 수 있다. 만약 피카소가 그가 지닌 재능의 반만 지니고 있었더라도 그는 성공했을 것이다. 마찬가지로 만약 고흐가 그가 지닌 재능의 두 배를 지니고 있었더라도 그는 실패했을 것이다.

물론 예술가가 죽고 난 후 후대의 평가는 순전히 그가 남긴 작품과 업적을 통해서 매겨질 수 있다. 그러나 예술가가 살아있는 당대에 자신의 재능을 살려 성공할 수 있는지 여부는 예술가 자신이 어떤 생각을 하며 살아가는지에 달려있다.

당신의 재능을 살려 성공하고 싶다면 무엇보다 당신의 재능과 그로 인해 당신이 성공할 것이라는 사실을 믿어야 한다. 설령 당신에게 뛰어난 재능은 없을지라도 당신의 뇌가 스스로에 대한 확신으로 가득차있다면, 주어진 재능을 뛰어넘어 성공으로 이르는 길을 보여줄 것이다.

재능이라는 허상

지금까지 피카소와 고흐에 대한 논의는 '둘 다 재능이 있었다'라는 것을 전제로 전개되었다. 그러나 재능이라는 것이 어디에서 오는지, 타고난 재능이 존재하는지에 대해서는 과학적으로 확정된 바가 없다. 어떠한 재능이 우리 뇌의 완벽히 선천적인 영역에 존재한다는 것은 한번도 증명된 적이 없기 때문이다.

재능과는 약간 차이가 있지만 '살찌는 체질'을 예시로 들어보겠다. 살찌는 체질을 지닌 사람은 뇌의 특정 부위가 활성화됐다는 연구결과가 발표된 적은 있다. 그러나 그것이 유전자와 같은 선천적 요인에 의해 활성화된 것인지 성장환경과 같은 후천적 요인에 의해 활성화된 것인지는 밝혀진 바 없다.

물론 타고난 재능이라는 것이 없다고 하더라도, 어려서부터 특정 분야에 익숙해질 수 있는 환경과 경험에 노출된 사람들은 존재한다. 화가인 아버지를 둔 피카소의 어린 시절이 대표적이다.

그러나 이런 이들은 남들보다 유리한 출발선에 존재할 뿐 종착점까지 남들보다 앞서있으리라는 보장은 없다. 이런 이들을 보고 '나도 어려서부터 이걸 시작했으면 좋았을 걸'이라고 생각한다면 정말로 당신은 재능 없는 사람이 된다.

나의 재능이 뛰어난지 여부는 생각의 방식에 달려있다. 스스로의 재능이 뛰어나다는 것을 믿어야 한다. 그리고 그로 인해 성공한 자신의 미래를 상상해야 한다. 이러한 생각을 통해 뇌가 설정되면 부족한 재능은 얼마든지 보충할 수 있다.

애초부터 재능과 관련된 문제는 신경 쓰지를 말아야 한다. 재능의 존재를 인정하는 일은 그 자체로 우리 뇌에 악영향을 미치기 때문이다. 중요한 것은 생각이다. 그런 면에서 나는 지금 이 글을 읽고 있는 당신이 재능 있는 사람이라 믿는다. 왜냐하면 이 책을 여기까지 읽은 것 자체가 생각에 대한 당신의 열망을 보여주기 때문이다. 당신은 이미 부자의 뇌에 가까워지고 있다.

4-2

돈 없어도
부자처럼 살아라

아리스토틀 오나시스는 그리스 출신의 해운업 사업가다. 그는 평범을 떠나 비범, 아니 그 이상으로 독보적인 부와 재물을 가졌던 인물이다. 또한 수많은 대중의 관심을 받았던 유명 인사이기도 했다. 그의 자산 총액이 얼마나 많았는지 오나시스 자신도 계산하지 못했다는 이야기가 있다.

20세기의 세계 해운업계를 주름잡았던 그는 한때 전 세계에서 가장 많은 선박을 소유한 사람이었다. 얼마나 배가 많았던지 웬만한 국가의 해군보다 더 많은 선박을 가지고 있었다. 그렇기에 사람들은 그를 '선박왕'이라는 별명으로 부르기도 했다.

일주일 치 급여를 한 끼 식사에 투자하다

오나시스가 부모에게서 배를 물려받았다거나 처음부터 부자였던 것은 아니다. 청년 시절의 그는 가난한 일용직 노동자였다. 그는 매일매일 고된 일을 하며 하루하루 버티는 것과 같은 삶을 살았다.

그러나 그 시절에도 그에게는 비범함이 있었는데, 그건 바로 일주일 동안 일하고 받은 임금을 한 끼 식사를 하는데 전부 사용한다는 것이었다. 그는 매주 급여를 받는 날이 되면 곧장 고급 레스토랑에 방문했다. 부자들만 가는 레스토랑이었기에 한 끼에 그의 일주일 치 임금이 눈 녹듯 사라져버리는 것은 어려운 일이 아니었다. 하지만 오나시스는 이런 생활을 반복했다.

당신은 이러한 그의 행동에 대해 어떻게 생각하는가? 소비가 위축되다 못해 심지어 일부 청년층에서는 '무지출 챌린지'가 유행할 정도로 검소함이 강조되는 요즘이다. 아마 이 책을 읽는 대부분의 사람들은 쉽사리 그의 행동이 이해되지 않을 것이다.

그가 한 끼 식사에 모든 돈을 지출하는 이유를 추측해보자면 다음과 같은 것들을 떠올릴 수 있다.

- 주변 사람들에게 부자처럼 보이기 위해 고급 레스토랑을 찾은 것이다.
- 부자들과의 인맥을 쌓기 위해 고급 레스토랑을 찾은 것이다.
- 돈을 벌 수 있는 고급 정보를 얻기 위해 고급 레스토랑을 찾은 것이다.

실제로 위와 같은 이유로 과도한 소비를 하는 사람들도 있다. 그러나 오나시스는 이러한 지점을 노린 것이 전혀 아니었다. 그가 만약 레스토랑에서 만난 어떤 부자의 지혜와 인맥, 정보를 통해 돈을 벌었다면, 그는 그가 만난 부자 이상의 부자가 되기는 어려웠을 것이다. 그러나 오나시스는 레스토랑에 찾아온 그 어떤 부자보다 차원이 다른 부자가 되었다.

따라하는 것은 무의미하다

부자를 따라해 부자가 된다는 점에 대해서 생각해보자. 부자의 지혜와 태도를 배워야겠다? 어떤 부자가 돈을 번 방식을 따라해서 부자가 되겠다? 모두 틀렸다. 이러한 모방은 그야

말로 '나는 뇌를 쓰지 않습니다'라고 선언하는 것과 같다.

생각을 따라하지 못한 채 행동만 따라하는 것은 속 빈 강정과 같다. 우리가 어떤 부자를 보고 따라한들 결국 그 부자가 겉으로 드러내는 행동만을 따라할 수 있을 뿐이다. 그러한 행동이 어떠한 생각에서 비롯되었는지, 어떻게 세팅된 뇌에서 비롯되었는지는 고려하지 못한 처사이다.

그러면 부자의 행동을 따라하는 행위 또한 '하기 싫은데 해야 하는 일'이 되고 만다. 지금까지 계속해서 무의미하다고 강조한 미라클모닝과 같은 자기계발 행위와 하나도 다를 바가 없다.

부자가 되는 가장 확실한 방법은 부자의 뇌를 만드는 것이다. 부자의 행동을 따라하는 행위는 결코 부자의 뇌를 만들어주지 않는다. 부자의 뇌를 만들 수 있는 것은 오로지 돈을 벌었다는 생각뿐이다.

우리는 부자들의 생각을 따라해야 한다. '나는 돈을 벌었다.' 우리가 확실히 알 수 있는 부자들의 생각은 이것뿐이다. 그 외에 부자들이 어떤 생각들을 했는지는 부자 자신조차 잘 알지 못한다.

행동을 따라해선 안 된다는 얘기가 아니다. 부자들의 행동은 당신이 돈 버는 생각을 통해 부자의 뇌를 갖게 되면 자연스럽게 따라하게 될 것이다.

　이러한 관점에서 오나시스의 행동을 다시 바라보자. 그가 고급 레스토랑을 간 것은 부자를 따라한 것일까? 아니다. 그는 부자가 되고 싶었고 그래서 그 즉시 부자가 된 것이다.

　그는 부자여야 먹을 수 있는 음식을 먹으며 자신이 부자라는 사실을 즐겼을 뿐이다. 그렇기에 그는 일주일 치 임금을 한 끼 식사에 사용해도 전혀 아까워하지 않았다. 오히려 고급 레스토랑에서 식사하는 자신의 모습을 아주 당연하게 받아들였을 것이다.

　이는 누군가를 따라하는 행위와는 전혀 다른 행위다. 그는 돈을 벌었다는 상상에 완전히 몰입하여 실제로 부자처럼 돈을 썼다. 그렇게 그는 아주아주 강력한 부자의 뇌를 만들었고 당대 최고의 부자가 되는 길로 나아가게 되었다.

상상을 하려면 현실을 잊어라

지금 즉시 부자가 되라는 말에 대해 불안한 시선을 보내고 있는 사람도 있을 것이다. 오나시스의 이야기에는 공감하면서도, 마음 한편에선 분수에 맞지 않는 생활을 하다가 소득·지출 균형이 완전히 무너져버리진 않을지 걱정할 수 있다.

틀린 생각은 아니다. 소득이 따라주지 못하는데 부자처럼 소비를 하면 수중에 돈이 없어지기 마련이다. 실제로 오나시스 또한 고급 레스토랑에 간 탓에 일주일의 대부분은 빈곤한 삶을 살았다.

그러나 그는 빈곤한 생활을 하는 와중에도 자신이 이미 부자라는 사실을 잊지 않았다. 당장 먹을 게 없어 굶고 있더라도, 그러한 현실 상황이 머릿속으로 들어오는 걸 차단하고 원하는 상상만을 지속했다. 그러다 돈이 생기면 주저하지 않고 부자 행세를 했다.

오나시스처럼 하지 않으면 부자가 될 수 없다는 이야기가 아니다. 지금까지 강조해온 것처럼 우리는 부자가 되었다는 상상을 하는 것만으로도 부자가 될 수 있다. 우리가 그의 이야기에서 배워야 할 점은 부자가 된 상상을 할 때 '현실상황'을 완전히 잊어버릴 수 있어야 한다는 점이다.

상상을 한다는 것은 현실로부터 눈을 감는다는 것을 의미한다. 우리가 진정 부자가 되기 위해서는 현실의 상황, 현실의 조건과 멀어질 줄 알아야 한다. 그래야 모든 선택의 순간에서 진정 부자가 되기 위해 옳은 방향이 무엇인지를 찾아낼 수 있다.

"부자가 되기에는 한없이 부족한 내 모습만 보여."

많은 사람들이 부자가 되고 싶어하면서도 자신에게서 '부자가 될 가능성'을 보는 게 아니라 '부자가 될 수 없는 이유'만 찾고 있다. 그들에게 끈기와 담력이 부족해서일까? 그들의 사고가 부정적으로 편향되어있어서 그럴까? 만약 그랬다면 그들은 부자가 되고 싶어하지도 않았을 것이다.

모든 사람이 부자가 될 수 없는 이유 하나씩은 가지고 있다. 누군가는 지능이 떨어지고, 누군가는 겁이 많으며, 누군가는 조심성이 없다. 누군가는 게으르고, 누군가는 사교성이 없으며, 누군가는 입만 열면 허풍을 떤다. 그럼에도 계속해서 부자는 등장한다.

오직 현실의 상황에서 눈을 떼고 상상할 수 있는 사람만이 부자가 된다. 평범한 사람과 비범한 사람은 이러한 한 끗 차이에 있다. 때때로 현실을 잊어버리는 능력이 삶의 거의 모든 부분에서 차이를 만들어낸다는 사실을 기억해야 한다. 현실만 보고 있으면, 안 되는 이유만 보이는 게 당연하다.

학력이 짧아서, 아직 배울 게 있어서, 주변에 인맥이 없어서 자신의 성공을 그리지 못하는 사람이 많을 것이다. 그러한 현실은 잊어야 한다. 그리고 그냥 지금 바로 부자가 되어야 한다. 그냥 지금 바로 성공해야 한다. 그래야 지금 바로 그에 걸맞게 뇌가 프로그래밍되고 그것을 이룰 수 있는 사람이 되기 시작한다.

당신은 가장 빠르게 성공하고 있다

자연은 항상 최단 경로를 따른다. 사과가 나무에서 떨어져 땅에 닿을 때까지, 사과는 자신이 갈 수 있는 가장 빠른 경로로 떨어진다. 곡선을 그리며 떨어지거나 하늘로 솟구쳤다가 다시 떨어지는 일은 없다. 자연은 지극히 효율적인 방향으로 움직이게 되어있기 때문이다.

당신의 성공도 마찬가지다. 자신이 성공한 모습을 끊임없이 상상하라. 그리고 스스로가 하고 싶은 대로, 스스로가 느낀 느낌을 믿으며 나아가라. 그것만으로 된다. 그것만으로 당신은 성공에 점점 가까워진다.

당신이 어떻게 성공하는지 예측하려고 하지 마라. 지금껏 들어온 복잡한 성공의 방정식들도 무시하라. 그냥 당신이 원하는 당신의 최종 모습을 떠올려라. 그렇게 무작정 자신을 믿게 되면 생각도 못한 방법이 떠오르고 당신은 누구도 말릴 수 없는 열정을 가지게 될 것이다.

종종 원하는 대로 일이 풀리지 않아도 괜찮다. 그러한 현실 상황에 관심을 갖지도 말며 두려워하지도 말라. 길을 조금 돌아가게 되더라도 그것은 돌아가는 게 아니다. 당신이 원하는 것만을 생각하고 있는 한 당신에게 일어나는 모든 일은 모두 성공을 위한 것이다.

4-3

원하는 것을
노트에 적어라

매일 노트에 무언가를 쓰기만 해도 성공할 수 있다면 어떨까? 매일 노트에 무언가를 써서 엄청난 연봉을 지닌 사람이 될 수 있다면 어떨까? 실제로 자신이 원하는 목표를 매일 100번씩 쓰는 '100번 쓰기' 성공법이 세간에 알려져있기도 하다. 방송에 나온 기업가들은 100번 쓰기를 통해 성공을 거머쥔 자신의 철학을 나누기도 한다.

그러나 지금까지 강조했듯 행동만으로 성공할 수 있는 방법은 없다. 이번에 다룰 '저널링Journaling'은 100번 쓰기와 같이 노트에 무언가를 적어서 성공에 이르는 방법이다. 그러나 세부적인 내용은 100번 쓰기와 확연히 다르다. 저널링은 우리의 뇌를 직접적으로 활용하는 방법이며, 우리가 더 빠르게 성공에 도달할 수 있도록 하는 생각의 기술이다.

5,000억 자산가가 된 비결

말레이시아 사업가 패트릭 그로브Patrick Grove는 말레이시아 50대 부자 리스트에 오를 정도를 큰 부를 쌓은 사람이다. 그는 수많은 스타트업을 만들어 성공시켰으며, 최근에는 동남아시아의 넷플릭스라고 불리는 아이플릭스i-flix를 공동 창업하기도 했다.

그로브는 '저널링이 성공의 가장 큰 열쇠였다'라고 이야기한다. 저널링이란 원하는 목표를 생각하는 시간을 가지며 그 내용을 노트에 적는 것이다. 그가 설정한 목표는 한화로 치면 약 5,000억 원을 버는 것이었다. 그는 그것을 이루기 위한 저널링을 지속했고 진짜로 1년 만에 5,000억 원의 자산을 이루었다. 현재는 2조 원을 목표로 저널링을 한다고 한다.

그로브는 한 인터뷰에서 저널링을 시작하게 된 계기를 밝히기도 했다. 그는 어느날 우연히 '목표를 종이에 적으면 그 목표를 달성할 확률이 높다'라는 이야기를 듣게 되었다고 한다. 그는 곧바로 그것을 실천해보기로 한다.

그가 처음 노트에 돈을 벌고 싶다는 목표를 적었을 때는, 그 내용이 온통 불만투성이였다고 한다. '어떤 행동을 하지 않도록 끊어내자', '나에게는 뭐가 부족하니 채우자' 등 자신의 부정적인 점을 끊임없이 지적하는 내용들만 적었다. 이러한 행동을 지양해야 한다고 느낀 그는 이후 오로지 자신이 원하는 것에 집중해, 그 생각의 내용을 적었다.

그는 5,000억 원을 번다는 구체적인 목표를 설정했다. 그리고 목표만 적는 것이 아니라 그것을 이루기 위해 '어떻게 해야 하는지'에 대해서도 적었다. 주기적으로 이런 시간을 가진 그는, 돈을 벌 수 있는 다양한 방법을 찾아내어 돈을 벌게 되었다.

지금도 그는 매주 1시간씩 저널링을 한다고 한다. 저널링의 내용에 자신에 대한 불만이나 상황에 대한 불평은 전혀 없다. 오로지 '방법을 찾는 저널링'을 한다. '왜'가 아닌 '어떻게'로 시작하는 저널링이다. 노트에 '왜 나는 돈이 없을까?'를 쓰는 것이 아니라 '어떻게 돈을 벌 수 있을까?'를 쓰고 그에 대한 답을 찾아나가는 것이다.

매주 1시간씩 '어떻게 하면 목표를 이룰 수 있을까?'에 대한 답을 찾으며 필기해보자. 다른 문제는 일절 신경 쓰지 않고 그 한 가지 질문에만 집중적으로 파고들자. 뇌는 우리가 계속해서 생각하는 고민을 해결하는 데에 무한한 능력을 갖추고 있다.

목표를 크게 정해야 하는 이유

5,000억 원이라는 목표가 비현실적이라고 생각하는가? 누군 가에게 5,000억 원은 상상도 할 수도 없는 큰 금액이지만 이미 이룬 사람에게 5,000억 원은 그저 현실일 뿐이다. 꿈이 큰 것이 비현실적인 것이 아니라, 뇌의 무한한 능력을 믿지 못하고 생계를 걱정하는데 뇌를 쓰는 것이 비현실적인 것이다.

목표는 언제나 내가 상상하는 것 이상으로 크게 정해야 한다. 내가 이룰 수 있을 것 같은 '적당한 목표'는 뇌를 쓰지 않고 답을 찾으려하기 때문에 더 힘들다. 1억 원을 모으려하면 현재 내가 일하는 직장에서 더 열심히 일하고 소비를 줄여 목표를 달성할 것이다. 하지만 1,000억 원을 모으려하면 현재까지 프로그래밍된 생각에서 벗어나 무언가 차원이 다른 방향으로 돈을 벌 방법을 찾게 된다.

현재의 내 능력으로는 죽었다 깨어나도 이룰 수 없는 큰 꿈을 떠올리고 계속해서 그 생각만 해보자. 패트릭 그로브처럼 일주일에 한 번만, 한 시간이라도 일정을 빼두고 어떻게 하면 그 목표를 이룰 수 있을지만 생각해보자.

나는 1,000억 원을 벌겠다고 목표를 세운 뒤 1,000억 원을 벌 수 있는 아이디어를 떠올렸다. 그 과정에서 인리치 아카데미를 만들어 1년도 되지 않아 10억 원을 벌었다. 지금도 계속 생각에 집중해 매출을 늘려가고 있으며 함께 하는 사람들 역시 자동소득을 늘려가고 있다. 인리치 아카데미는 세계에서 가장 많은 부자를 만든 기업이 될 것이다.

꿈을 글로 적은 비틀즈

존 레논과 나는 언제나 공책을 펼쳐놓고 나란히 앉곤 했다. 완전히 누더기가 되어버린 그 공책을 지금까지도 나는 소중히 간직하고 있다.

우리는 첫 페이지 상단에 '레논과 매카트니의 오리지널'이라는 제목을 붙이고 생각나는 대로 무엇이든 써두었다. 공책 한 권이 **빽빽**이 채워졌다. 다음 세대에는 우리가 최고의 밴드가 될 것이라는 꿈으로 가득 채워진 공책이었다.

우리는 그 꿈을 이루어냈다.

위 내용은 음악 저널리스트 래리 레인지가 비틀즈의 성공을 분석하여 집필한 책 『오만한 CEO 비틀스』에서 발췌한 내용이다. 폴 매카트니와 존 레논은 '우리는 밴드로서 성공할 것'이라는 꿈을 꾸며 공책 한 권을 가득 채운 것이다.

비틀즈는 전 세계에 10억 장 이상의 음반을 팔았다. 비틀즈가 해체된 지 50여 년이 지났지만 그들은 아직도 어마어마한 돈을 벌고 있다. 비틀즈의 성공을 단지 '천재적'이라는 말로 설명하기는 어렵다.

위의 책『오만한 CEO 비틀스』에서 저자 래리 레인지는 '꿈을 글로 적는 습관이 비틀즈의 성공에 커다란 역할을 했다'라고 밝히고 있다. 사실『오만한 CEO 비틀스』를 읽는 독자들은 이 말을 크게 신경 쓰지 않았을 것이다. 그러나 이 책을 읽고 있는 독자들은 이 말에 깊이 공감할 것이다.

4-4

더 생생하게
상상하라

작은 가게에서 종업원으로 일했던 청년이 나중에 엄청난 부자가 되었다. 우리는 이처럼 자수성가한 사람들의 이야기에 열광한다. 작은 가게에서 종업원으로 일하는 청년의 모습은 현재 우리의 모습과 비슷하기 때문이다. 그렇기에 그러한 이들의 성공은 우리의 현실도 보다 더 나아질 수 있으리라는 희망으로 다가온다.

홍콩 청쿵그룹의 창업자 리자청은 이러한 자수성가 스토리의 대표 격인 인물이다. 가난한 종업원이었던 그는 사업가가 된 뒤 플라스틱 공장을 시작으로 호텔, 부동산 등 여러 분야에 사세를 확장하며 청쿵그룹이라는 세계적인 기업을 일구어냈다.

한때 아시아 최고 부자에 이름을 올렸던 그의 명성은 서구권에도 익히 알려져 타임지, 포브스지 등에서는 '아시아의 위대한 기업인' 중 한 명으로 소개되기도 했다.

또 사업뿐 아니라 투자에서도 괄목할만한 성과를 내어 '아시아의 워렌 버핏'이라고도 불렸다. 이러한 리자청의 성공비결을 알아보자.

찻집 종업원에서 아시아 최고의 부자로

리자청에게는 돈을 벌기 위해 찻집에서 차를 나르는 일을 했던 시절이 있었다. 그는 그 시절에 대해 다음과 같은 이야기를 했다.

"나는 찻집 종업원으로 일하면서 내가 알아야 할 모든 것을 배웠습니다."

그는 14살에 처음으로 찻집에서 일을 시작했다. 아버지가 갑자기 세상을 떠나자 돈을 벌어 어머니와 가족을 돌봐야 했기 때문이다.

하지만 어린 리자청은 남달랐다. 그는 찻집에 방문하는 손님들의 기호를 기억해두었다. 그리고 그 손님이 다시 찻집을 방문하였을 때 손님들의 기호에 맞게 차를 준비했다.

그는 곧 찻집의 마스코트가 되었고, 찻집의 매상이 오르자 월급도 더 많이 받게 되었다.

"사람과 세상 물정을 알아야 사업에 성공할 수 있다."

그는 손님에게 단순히 차만 제공하는 것이 아니라 그들과 다양한 이야기를 나누며 교감했다. 찻집에서 다양한 사람을 만나고 다양한 이야기를 들었던 경험은 후에 그가 사업을 성장시키는 데 좋은 바탕이 되었다.

그는 마침내 플라스틱 공장을 창업했다. 때마침 이탈리아에서 플라스틱 조화造花를 만드는 기술이 발명됐다는 소식이 들리자, 그는 이를 카피해와서 크게 성공한다.

성공하기 위해서는 타 회사의 기술도 아랑곳하지 않고 카피하는 모습에 사람들은 그를 '화왕花王'이라고 부르기도 했다. 약간은 불명예스러운 별명이기도 했지만 그는 이때의 성공을 바탕으로 사업을 확장해갔다.

자신의 성공에 대한 믿음

리자청은 한 인터뷰에서 아시아 최고 부자가 된 비결이 무엇인지 대한 질문을 받았다. 이에 대한 그의 답변은 아래와 같았다.

"나는 언제나 최고의 부자가 된 나 자신을 상상했다. 비결이라면 그것뿐이다."

그 또한 자신의 성공을 상상하고 있었다는 것을 알 수 있다. 다만 '언제나' 상상했다는 점이 눈길을 끈다. 직접 해보면 알겠지만 이건 생각처럼 쉬운 일이 아니다.

단 한순간도 빼지 않고 자신의 성공을 상상했다는 것은 위기의 순간에도 암울한 전망과 부정적 감정에 휩쓸리지 않았다는 얘기이기 때문이다.

'상상'이란 신체적 움직임 없이 머리로만 하는 행위이기에 마냥 쉬워보일 수 있다. 나 또한 상상만으로도 성공할 수 있다고 강조해온 것이 사실이다. 그러나 상상하는 것 또한 일종의 능력으로서, 계속해서 역량을 갈고 닦아야 한다.

상상을 잘한다는 것은 무언가를 깊게 믿을 수 있다는 것이다. 이것이 되는 사람은 자신의 성공을 믿고 원하는 것을 이룬 미래의 이미지를 보다 선명하게 그릴 수 있다.

또한 끊임없이 올라오는 자신에 대한 의심과 부정적인 생각들을 떨쳐낼 수 있다. 이것은 상상을 하는 데 있어 가장 핵심적인 요소이다.

4-5

불가능을
고려하지 말아라

가난한 농부의 아들로 태어나 현대그룹을 만들고 국내 재계 서열 1위에 올랐던 정주영 회장. 이 책을 읽는 독자 중에 그를 모르는 사람은 없을 것이다. 대한민국에서 그는 '자수성가의 신화'와도 같은 인물이기 때문이다.

1995년 미국 포브스지는 정주영 회장을 세계 9위의 부자로 평가하기도 했다. 당시 1위는 마이크로소프트 창업자 빌 게이츠, 2위는 버크셔 해서웨이 회장 워렌 버핏이었다. 정주영 회장이 세계적인 부자들과 어깨를 나란히 하며 억만장자 대열에 들었다는 사실은, 그 자체만으로도 당시 우리 국민들에게 큰 용기와 희망을 주었다.

지금은 세상을 떠났지만 생전 그의 영향력은 엄청났다. 정주영 회장은 '왕회장'이란 별칭으로 불리기도 했는데, 이는 한국 재벌 중의 왕이라는 뜻이다. 이토록 대단한 부와 성공을 이룬 인물이기에 아직도 그의 성공을 분석하고 설파하는 사람이 많다.

정주영 회장의 성공비결

사람들이 정주영 회장의 성공비결로 꼽는 것은 무엇일까? 보통은 아래와 같다.

- '이봐 해보기나 해봤어?'로 대표되는 실행력과 도전정신
- '빈대 철학'이라 불리는 전심전력 그리고 불굴의 의지

언뜻 보기에는 맞는 말 같아 보인다. 그런데 자세히 살펴보자. 실행력, 도전정신, 전심전력, 그리고 불굴의 의지……, 결국 열심히 살라는 말이 아닌가? 나는 그의 성공비결을 이와 같은 방식으로 꼽고 싶지 않다.

당신도 알고 있을 것이다. 우리는 모두 열심히 살고 있다. 오히려 열심히 살지 않는 사람을 찾기가 힘들 정도다. 하지만 그중 정주영 회장처럼 크게 성공한 사람을 찾기는 힘들다. 이

것이 그의 성공비결을 지나치게 일반화하지 말아야 하는 이유다.

　내가 꼽는 정주영 회장의 성공비결은 '불가능을 고려하지 않는 상상력'이다. 그는 불가능 따위는 고려하지 않은 채 오로지 성공의 방법을 찾기 위해 노력하는 사람이었다. 사업을 성공시킬 생각에만 열중하다보니 그 누구도 생각 못한 아이디어를 떠올려 사업을 성공시킨 것이다.

　그가 단돈 500원으로, 모든 사람이 불가능하다고 생각했던 500억 원의 투자 유치를 이끌어낸 일화는 매우 유명하다. 500원으로 500억 원이라니……, 이게 가능했던 이유는 무엇이었을까?

　서울과 부산을 잇는 경부고속도로조차 없었던 시기, 정주영 회장은 우리나라에 조선소를 짓겠다는 꿈을 키웠다. 사실이는 그의 도전을 대놓고 비웃는 사람이 있을 정도로 무모한 일이었다.

　선박을 만드는 조선소를 짓고 운영하는 건 정말 엄청난 일이다. 선박을 만드는 일도 쉽지 않은데, 선박보다 더 큰 시설 도크을 만드는 일이기 때문이다. 당시 대한민국엔 이를 실행할 기술도 자본도 없는 상황이었다.

정주영 회장은 투자 유치를 위해 해외로 향했지만 미국에서도 일본에서도 그에게 투자하는 곳은 없었다. 그러나 정주영 회장은 포기하지 않았다. 그에게는 한국의 조선업이 당시 저렴했던 인건비를 바탕으로 성공하리라는 확신이 있었기 때문이다.

계속된 거절에도 불구하고 정주영 회장은 영국으로 가 마침내 투자 유치를 받아온다. 500원으로 500억 원의 투자 유치를 이끌어낸 일화는 여기서 등장한다.

영국의 은행을 찾은 정주영 회장은 사업계획을 설명하는 과정에서 상대가 계속 부정적인 반응을 보이자, 500원짜리 지폐를 꺼내었다. 그리곤 500원 지폐에 그려진 거북선을 가리키며 "우리의 선조들이 영국보다 수백 년이나 앞서 철갑선 거북선을 만들었다"라고 설명했다. 오래전부터 배를 만들어온 우리 민족의 저력을 500원짜리로 보여준 것이다. 그의 재치와 기개에 감탄한 영국 버클리 은행의 부총재는 정주영 회장에게 차관을 내주었다.

그리고 마침내 정주영 회장의 현대조선소는 1987년 조선업 세계 1위의 꿈을 이루게 된다. 이것이 가능했던 이유는 그의 머릿속에 이미 완공된 조선소의 모습이 생생하게 그려져 있었기 때문이다.

정주영 회장은 누구보다 상상력이 좋은 사람이었다. 그렇기에 그는 울산 미포만의 백사장 사진 한 장을 갖고 세계를 돌아다니며 조선소 건립에 필요한 금액을 투자받을 수 있었다. 모두가 불가능한 일이라고 생각했지만, 정주영 회장만은 불가능하다 생각하지 않았다.

아무리 정주영 회장이라도 한번쯤 좌절하거나 포기하고 싶은 순간이 있었는지 모른다. 하지만 그는 포기한다는 생각을 아주 빠르게 떨쳐냈을 것이다. 그의 머릿속에는 일을 성공했을 때의 모습이 너무도 강렬하게 존재했기 때문이다.

불가능해도 밀어붙이는 것, 실패해도 다시 도전하는 것이 아니다. 머릿속 계산기에 '불가능'이란 단어 자체를 없애버리는 것이다.

그의 머릿속에는 한국에서는 조선업이 불가능해 포기한다는 결정과, 도중에 실패하는 미래 따위는 존재하지 않았다. 그가 만약 이런 부분을 고려했더라면 오늘날의 현대그룹과 한국의 조선업은 존재하지 않았을 것이다.

상식을 벗어난 아이디어

위 일화 외에도 정주영 회장은 모든 사업의 변곡점에서 말도 안 되는 아이디어와 직관을 발휘하여 문제를 해결한 것으로 유명하다.

1952년 현대건설은 미군으로부터 '유엔군 묘지를 푸른 잔디로 덮어줄 수 있겠냐'라는 요청을 받는다. 그런데 문제는 그때가 11월 중순이었다는 것이다. 초겨울 날씨에 푸른 잔디라니. 미군의 요청은 불가능을 가능케 해달라는 것이나 다름없었다.

미군이 이러한 요청을 한 이유는 12월에 예정된 미국의 내통령 당선인 아이젠하워의 한국 방문 때문이었다. 미군의 입장에서는 자국 전사자가 황량한 묘역에 묻힌 걸 대통령에게 보일 수 없어 한국 기업에게 도움을 구한 것이었다.

미군은 현대 외에도 많은 기업들에게 같은 요청을 했지만 불가능하다는 답변을 받을 뿐이었다. 그런데 정주영 회장은 그런 상황에서 미군에게 '가능하다'라는 답변을 보냈다. '전쟁을 겪어 상황이 좋지 못한 우리나라에서 돈이 나올 구석은 미군밖에 없다'라는 생각 때문이었다.

그는 이 기회를 잡기 위해 상식 밖의 아이디어를 냈다. 잔디가 아닌 보리를 유엔 묘역에 심은 것이다. 보리가 겨울에 초록 빛깔을 띠는 것에 착안한 아이디어였다. 공사는 5일 만에 완료되었고, 미군은 현대의 창의성과 능력을 인정해 이후로도 여러 건의 공사를 현대에 맡기게 된다.

1980년대 서산 간척지 사업에서도 그의 아이디어는 빛났다. 서산 간척지 사업은 바다를 막아 땅을 돋우고 농지를 만드는 대규모 공사였다. 정부 주도하에 사업이 진행되었지만 공사 과정에서 현대가 참여하기도 했다.

그런데 공사가 끝나갈 무렵 문제가 생겼다. 간척지에는 물의 유입을 막기 위해 총 길이 6,400m의 방조제를 짓기로 되어있었다. 양끝에서부터 방조제를 지어와 가운데 270m만 남은 상황에서 물길이 거세 공사가 완료되지 않는 것이었다.

가뜩이나 그곳은 바다였을 때부터 선박사고가 잦았을 정도로 물길이 강력했다. 그런데 다른 부분을 방조제로 막아 좁은 폭으로 물길이 몰리니 도저히 물막이 공사를 할 수가 없었다. 트럭으로 돌과 모래를 쏟아부어도 거센 물살에 금방 떠내려가기 일쑤였다.

모두가 안 된다고 할 때 정주영 회장은 아이디어를 냈다.

"폐유조선을 가라앉히자."

정주영 회장의 지시에 따라 23만 톤짜리 거대한 폐유조선이 물막이 공사 구간에 등장했다. 거대한 유조선을 가라앉혀 물살의 흐름을 지연시키고 그사이에 돌과 모래를 쏟아부어 공사를 진행시킨 것이다.

결과는 대성공이었다. 이때 보여준 상식을 뛰어넘은 정주영 회장의 기지와 아이디어는 '정주영 공법'이라는 이름으로 미국의 각종 매체와 잡지에 소개되기도 했다. 이후 전 세계에서 고난도 물막이 공사를 할 때엔 다들 정주영 공법을 사용하게 됐다.

겨울철 푸른 보리와 폐유조선, 이와 같은 아이디어들은 상식적인 수준에서 접근하기 어려운 발상이다. 떠올렸더라도 정주영 회장이 아니라면 실현까지 이어지지 못했을 것이다.

그는 어떻게 이런 아이디어들을 낼 수 있었을까? 그의 학력은 초등학교 졸업 수준이었다. 그렇지만 그는 자신의 뇌를 활용하는 법을 알았다.

대부분의 경우 정주영 회장은 직관적으로 판단을 내리고 바로 실행하는 스타일이었다. 그러나 잘 풀리지 않는 일, 해결할 일이 있으면 며칠씩 고민하기도 했다. 고민의 깊이가 얼마나 깊었던지 밤을 새우는 일도 있었다고 한다. 한 가지 문제에 뇌의 모든 역량을 동원하여 해결한 것이다.

누구든지 한 가지 문제를 오랜 시간 집중해서 생각하면 문제를 해결할 기적 같은 아이디어가 떠오른다. 이러한 경험을

반복해서 가지면 생각을 통해 문제를 해결하는 지혜를 갖게
된다.

5장

인생이 바뀌는 원리

가짜를 진짜로 만드는
말의 힘

지하철에서 떠드는 아이들과 아버지

어느 한적한 오후, 외부 출장으로 인해 지하철에 올랐다. 사람은 많지 않았고 앉을자리도 충분히 있었기에 기분 좋게 앉아 잠깐의 여유를 즐기고 있었다.

그렇게 두 정거장쯤 지났을까? 지하철 문이 열리고 시끄럽게 소리를 지르는 아이 2명이 뛰어들어왔다. 뒤이어 아버지로 보이는 사람이 들어와 문 옆자리에 앉았다.

아이들이 지하철 안을 시끄럽게 뛰어다니며 소란을 피우는데 아버지는 관심이 없다는 듯 멍하니 앉아있었다. 사람들이 수군거리는 소리가 들리기 시작했다. 아이들은 점점 더 소리를 키워가고 있었다.

당신은 이 상황이 어떻게 보이는가? 한번은 수강생들에게 만약 자신이 이 상황을 지켜보고 있다면 어떤 기분이 들 것 같은지 질문한 적이 있다. 여러 가지 답변이 돌아왔다.

- 아버지를 째려볼 것 같아요.
- 아버지가 애들 교육을 잘못하고 있다는 생각이 들어요.
- 아이들에게 실내에서는 조용히 하라고 이야기해줄 것 같아요.
- 아버지에게 아이들 좀 케어하라고 할 것 같아요.
- 다른 칸으로 옮겨갈 것 같아요.

누군가 나서서 한마디 해야 하는 거 아닌가? 이런 생각을 할 수 있다. 당시 나도 비슷한 생각을 하고 있었다.

그때 어떤 나이 많은 신사분이 아버지로 보이는 사람에게 말을 걸었다.

"실례지만, 혹시 저 아이들의 아버지 되시나요?"

남자는 다른 생각을 하고 있다가, 깜짝 놀란 듯 신사를 올려보며 말했다.

"네? 네, 그런데요."

"저기 아이들이 뛰어다녀서 다른 승객분들이 조금 불편해

하시는 것 같은데 실례가 안 된다면 제가 조금 도와드려도 될
까요?"

남자는 잠시 아이들을 바라보더니 힘없이 입을 열었다.

"네 도와주세요…… 지금 애들 엄마가 세상을 떠났다
는 이야기를 듣고 병원에 가는 길입니다. 저 좀 도와
주세요……."

이제 이 상황이 어떻게 보이는가? 만약 당신이 이 상황에
있다면 어떤 기분이 들 것 같은지? 나는 이와 같은 질문을 수
강생들에게 던졌다. 돌아오는 답변은 이전과 달랐다.

- 아버지가 너무 안 돼 보여요.
- 아이들이 너무 가여워요.
- 그 남자에게 힘을 주고 싶어요.

존재하지 않는 상황에 가치를 부여하다

중요한 점은 "애들 엄마가 세상을 떠났다"라는 말 한마디가
지하철 승객들의 감정을 송두리째 바꾸어놓았다는 것이다.
이 책을 읽는 독자 중에도 많은 이들이 그 남자가 자초지종을
설명하는 대목을 읽으면서 자신도 모르게 미간을 찌푸리거나

탄식을 내뱉었을 것이다.

그런데 잘 생각해보자. 그 남자가 한 말이 진짜인지 가짜인지 어떻게 알 수 있는가? 사실 우리들은 아무것도 알 수 없다. 그 남자의 말을 믿어선 안 된다는 얘기가 아니다. 우리들에게 그 상황은 진짜인지 가짜인지 알 수조차 없는 무관계한 상황이라는 얘기다.

타인의 입장에서 그날 그 남자가 겪은 일은 철저한 가상의 상황이다. 그가 얘기해주지 않았다면 우리에게 그 일은 아예 존재하지 않는 것이나 마찬가지였다. 그런데도 우리들은 그런 가상의 상황에 대해서 감정적 동요를 경험했다.

그 이유는 그가 불쌍한 자신의 상황을 말로써 내뱉었기 때문이다. 우리는 그의 얘기를 들었기에 그를 불쌍한 시선으로 바라볼 수밖에 없다. 설령 그 말이 거짓말일지라도 우리의 뇌는 그를 불쌍하다고 평가할 것이다.

말은 이처럼 존재하지 않는 것을 존재하게 하는 힘을 지니고 있다. 말로 인하여 새로운 상황에 대한 경험을 하고 기존의 상황에 대한 재평가를 하는 것이다. 이러한 작용이 발생하는 이유는 인간의 뇌가 말을 통해 매개된 가상의 상황과 현실의 상황을 잘 구분하지 못하기 때문이다.

스스로를 성공의 언어에 노출시켜라

우리가 어떠한 언어를 듣고 말하는지는 우리의 뇌에 큰 영향을 준다. 만약 우리가 스스로에게 무한한 능력과 풍요가 있다고 믿고 이를 말로 표현한다면, 뇌는 그것을 사실로 받아들여 자연스럽게 그렇게 될 수 있는 방안을 마련해낸다. 마치 아내를 잃었다는 남자의 이야기를 듣고 자동으로 불쌍한 마음이 피어오르는 것처럼 말이다.

반대로 '삶은 원래 어려운 거야', '삶은 고통이야'라고 말하며 살아간다면 힘든 삶을 살아갈 수밖에 없다. 그러면 돈이 없어도 고통, 돈이 있어도 고통인 나날을 경험하게 된다.

언뜻 보면 자기계발에 빠져 열심히 사는 사람들은 모두 잘 살고 있는 것처럼 보인다. 그러나 그들은 몇 년, 혹은 수십 년간 자기계발을 해도 늘 비슷한 삶을 살아간다. 안타깝게도 그들 중 일부는 자기계발을 전혀 안 하는 주변인보다 못한 삶을 살고 있기도 한다.

나도 한때는 열심히 살려고 노력했다. 그러면서 열심히 살지 않는 지인들을 보며 한심하게 생각한 적도 있었다. 대중교통을 탈 때 책을 읽고 있는 이들을 보면 '저들은 성공할 수밖에 없겠다'라는 존경을 보내기도 했다. 또 그 옆에서 스마트폰을 들여다보는 이들에게는 안타까움의 시선을 보냈다.

그러나 이제는 안다. 이 모든 것들이 '고통의 언어'다. 우리의 뇌에 '열심히 살아야 한다'라는 언어를 집어넣게 되면 열심히 살 수밖에 없는 삶을 보고, 듣고, 느끼게 된다. 결국 더 열심히 살 수밖에 없는 삶이 되어버린다.

부자가 되기를 바란다면, 최대한 빨리 일이 잘 풀리기를 기대한다면, 이미 그 기대만으로 충분하다. 당신은 그렇게 살아갈 수 있는 능력을 이미 가지고 있기 때문이다. 하루빨리 '부자의 뇌'를 만들어 당신 주변에 널려있는 수많은 기회들을 포착하길 바란다.

암을 이겨낸 데빈의 꿈

필라델피아에 사는 데빈 스멜처라는 아이가 있었다. 10살 나이에 횡문근육종이라는 소아암 판정을 받은 데빈은 오랜 시간 힘들고 괴로운 치료를 받았지만 차도가 없었다.

그렇게 죽음을 앞둔 데빈은 생일날 부모님에게 소원을 말했다. 바로 필라델피아 야구팀의 간판스타인 체이스 어틀리를 만나 사진을 찍고 싶다는 것. 야구를 대단히 사랑하는 아이였던 데빈은 아프기 전에는 야구선수가 꿈이기도 했다. 그리고 어틀리의 엄청난 팬이었다.

데빈의 부모님은 아이가 좋아하는 것은 다 해주고 싶었기에 아이를 데리고 야구장에 방문했다. 그리고 기적처럼 어틀리를 만날 수 있었다. 데빈은 어틀리와 함께 사진을 찍고 모자에 사인을 받았다.

그날 데빈은 "나의 꿈은 당신처럼 대단한 야구선수가 되는 것이지만 나는 암으로 죽어가고 있다"라고 어틀리에게 말했다. 그러나 어틀리는 데빈에게 이렇게 이야기했다고 한다. "포기하지 않으면 뭐든지 이룰 수 있다. 언젠가 야구선수가 되어 꼭 다시 만나자."

이때 어틀리가 한 말은 데빈의 꿈에 불을 지폈다. 그 이후로 그는 어틀리와 함께 찍은 사진을 보며 힘을 냈고, 힘든 투병생활 중에 몰래 나가서 야구를 할 정도로 야구선수가 되는 꿈에 확신을 갖기 시작했다.

데빈은 그렇게 6년간의 투병생활 끝에 완치 판정을 받았다. 고등학교 야구부에 입단한 그는 몇 년 뒤 LA다저스의 지명을 받아 정식 야구선수가 되었다. 더욱 놀라운 것은 그 이

듬해 어틀리도 LA다저스로 이적을 해왔다는 것이다. 데빈은 자신이 꿈꾸던 우상과, 같은 팀에서 야구를 하게 되었다. 정말 기적 같은 일이다.

나는 데빈이 겪은 이러한 기적이 그의 우상인 체이스 어틀리가 건넨 말 한마디에서 시작됐다고 확신한다. '너는 야구선수가 되어 나와 다시 만날 것이다'라는 말은 데빈의 뇌에 사실로 받아들여졌고, 데빈의 뇌가 그것을 현실화시킨 것이다.

당신도 하루에 10분만이라도 원하는 것을 생각하는 데 집중해보기 시작한다면 이러한 기적을 경험하게 될 것이다. 그리고 뇌를 사용하는 것에 익숙해지면 이런 것들은 우연이나 기적이 아닌 당연한 결과라는 사실 또한 알게 될 것이다.

5-2

내가 가진
자원을 찾아라

인간의 능력은 실로 어마어마하다. 그러나 누군가는 자신의 어마어마한 능력을 활용하여 잘 누리고 살아가는 반면, 누군가는 그 능력을 썩히고 살아간다.

나 또한 내가 지닌 자원을 알아보지 못해 고생한 사람 중 하나였다. 나는 12년을 자기계발 강사로 뛰어다녔다. 한때는 대기업에서 앵콜 강연이 들어올 정도로 유명해지기도 했는데, 그럼에도 불구하고 끝없이 떨어지는 실패를 맛봐야만 했다. 만약 강사로서의 재능 외에 내가 지닌 다른 자원을 잘 활용했다면 이렇게 되진 않았을 것이다.

그래서 나는 자신 있게 말할 수 있다. 내가 할 수 있는 일의 한계를 긋는 행위를 경계해야 한다. '나는 강의로 성공해야만 해', '나는 장사로 성공해야만 해', '나는 이 회사에서 성공해야만 해' 이런 제한신념에 매여 스스로를 괴롭히는 사람 보다, 하루를 온전히 '돈 버는 생각'으로 채우는 사람이 더 크게 성공하기 마련이다. 자기계발 강사로서 내가 직접 실패를 경험했기에 말할 수 있는 부분이다.

성공한 적 없는 자기계발 강사

강사 시절, 하루는 대학생들을 위한 특강을 했는데 만족도가 최상이었다. 스스로도 만족스러운 강연이었다. 마무리를 하고 정리를 하려는데 갑자기 학생 한 명이 손을 번쩍 들고 나를 불렀다.

"강사님!"

모든 학생들이 그 아이의 행동에 집중했다. 조용해진 교실, 그 친구가 질문을 했다.

"강사님 정말 인상 깊은 강의였습니다. 성공학을 10년 이상 강의했다고 하셨는데 그럼 현재 타고 다니는 차가 무엇인지 여쭤봐도 될까요?"

그때 나는 카니발을 끌고 다니고 있었다. 낚시를 좋아하기에 낚시 장비와 카약을 실어놓고 쉬는 날이면 강과 바다에서 카약을 타고 낚시를 즐겼다. 나름 내 삶에 만족하며 잘살고 있다고 생각하던 시절이었다.

그런데 카니발을 끌고 다닌다는 말에 학생들은 약간 의아해하는 것 같았다. 응? 10년 넘게 성공하는 방법을 강의하고 다녔는데, 자동차가 카니발? 그럼 본인은 성공한 게 아니네? 그 학생의 눈이 그렇게 말하는 것 같았다.

당시 나는 리스로 월 65만 원씩 지불하며 카니발을 타고 있었다. 현금을 주고 차를 살 만큼 여유가 있지 않았기 때문이었다. '그러고 보니 나는 성공을 하지 못했구나?' 괴로운 생각이 내 안에 똬리를 틀기 시작했다.

그날 이후 내게 공황장애 증상이 찾아왔다. 강의를 하는 것 자체가 너무 괴로웠다.

'너도 간신히 살면서 누구한테 성공을 가르쳐?'

나를 바라보는 수강생들이 이렇게 생각하고 있는 것 같았다. 그들의 시선이 두려웠다. '내 인생도 별 볼일이 없네?', '내가 왜 이렇게 됐지?', '그동안 내가 강의했던 것들이 다 틀린 건가?' 점점 이런 생각이 커졌다. 불편한 생각이 꼬리에 꼬리를 물었다. 그렇게 나는 무의식중에 나의 실패에만 집중하고 있게 됐다.

예정됐던 강의를 모두 캔슬하고 숨어살다시피 했다. 그러다 차츰 마음을 추스르고 복귀하려했지만 코로나가 터져 강의를 하고 싶어도 할 수 없게 되었다. 그렇게 나는 완전히 무너져버렸다. 빚은 늘어만 갔다. 대리운전으로 돈을 벌고 오토바이로 배달을 하며 그나마 대출 이자를 낼 수 있었다.

높은 강의료를 받으며 나름 잘나가던 삶, 저자 강연 콘서트에 사인회까지 하던 삶인데 어쩌다 이렇게 되었을까? 정답은 간단했다. 내 머릿속에 '돈 버는 생각'이 부재했기 때문이었다.

당시 내 기준에선 높은 강의료를 받았다고 생각했지만, 일반 직장인들보다 잘 벌었을 뿐 그게 내 인생을 바꿀 정도의 돈은 아니었다. 그러면서도 나는 내 생활에 안주하여 뭘 더해야 한다는 생각을 하지 않았다. 그저 많은 사람들이 내 강의에 귀 기울여주는 삶, 내 가족들이 내가 벌어온 돈으로 먹고사는 삶에 만족하고 있었다.

인간 사회에서 돈은 우리가 좇을 수 있는 최소한의 목표다. 그런데도 나는 어떻게 해야 돈을 더 벌 수 있을지에 대해 고민조차 하지 않았다. 아니, 엄밀히 따지면 돈 벌 생각을 하는 것을 피했다. 이때까지만 해도 돈 벌 궁리를 하는 것은 '진정성이 결여된 행동'이라고 생각했기 때문이다.

그렇게 머릿속이 비워져있자 빈자리를 채운 것은 부정적생각이었다. 그 학생의 질문을 통해 부정적 생각이 머릿속을 지배하자 지금까지의 내 삶에 회의감이 느껴졌다. 그러니 곧이어 스스로 아무것도 할 수 없는 공황장애가 찾아왔다.

나의 자원을 찾아나서다

가진 돈이 바닥나 배달과 대리운전 일을 하던 무렵이다. 당시 나는 '한 가지 일에 몰두하면 성공할 수밖에 없다'라는 메시지에 빠져있었다. 문제는 몰두를 하고 싶은데 생계유지를 위해 매일 배달 일을 해야 했다는 점이다. 나는 배달을 하며 '누군가 나를 좀 지원해줘서 어떤 일에 몰입만 할 수 있게 해주면 내가 성공해서 그 사람도 평생 먹고사는 데 지장 없게 해줄 텐데'라고 생각하기도 했다.

그런데 그때 거짓말처럼 20년 만에 고등학교 시절 가장 친했던 친구에게 연락이 왔다. 나는 그때 그 어떤 동창과도 연락을 안 하고 있었고 술도 안 마시고 있었는데, 이상하게 그 친구랑은 술을 한잔하고 싶었다.

술잔을 기울이며 사는 이야기를 하던 도중 나는 내 사정을 얘기했다. 그러자 그 친구는 그날 바로 나에게 700만 원을 입금해주었고, 14개월간 매월 300만 원씩 투자해주었다. 무척 고마운 일이었다.

나는 곧장 유튜브를 성공시키겠다며 유튜브 하나에만 몰두했다. 깨어있을 땐 유튜브 영상을 만들고 잘 때도, 밥을 먹을 때도 유튜브 생각만 했다. 그렇게 12개월간 몰입했지만 아무런 성과도 내지 못했다. 비참했다.

다시 대리운전을 하기 위해 일감을 알아봐야 했다. 생계유지도 해야 하고 원래 있던 빚에 친구의 투자금까지…… 눈앞이 캄캄해졌다.

'돈만 있었으면.' 그때 머릿속에 한 가지 생각이 스치듯 떠올랐다. 내가 진정으로 원하는 것은 돈 아닌가? 그렇다면 유튜브에 몰입하는 게 아니라 돈 버는 것 자체에 몰입해야 하는 것 아닌가?

그때부터 나는 2달간 아무것도 안 하고 방구석에서 돈을 벌었다는 생각만 반복했다. 나는 올해 10억 원을 벌었다. 내년에는 100억 원을 벌었다. 내후년에는 1,000억 원을 벌었다. 하루 종일 아무것도 안 하고 침대에 누워서, 의자에 앉아서, 밥을 먹으며 계속 이 생각만 했다. 틀림없이 뇌가 바뀌고 무엇인가 달라질 거야. 3달간 해보고 안 되면 다시 대리운전을 하면 되지. 그 당시의 내 심정이었다.

그렇게 2달이 됐을 무렵 유일하게 소통을 하고 지내던 카페허밍 조성민 대표가 같이 온라인 비즈니스를 해보자고 연락이 왔다. 나는 앞으로 다시는 강의를 하지 않기로 정했다고 답했지만 조성민 대표는 왜인지 내 거절에도 굴하지 않고 3주간 그 이야기를 계속했다.

그런데 부자의 뇌를 만들기 시작해서일까? 갑자기 그가 제안한 온라인 비즈니스를 통해 돈을 벌 수 있는 방법들이 끝도 없이 보이기 시작했다. 그렇게 시작한 지 10개월 만에 8억 7,000만 원의 매출을 냈다. 지난 12년간 강의하면서 벌었던 돈보다 많은 돈이었다.

세상에 없던 온라인 비즈니스가 갑자기 생겨나서 내가 돈을 벌 수 있었던 것일까? 아니다. 항상 기회는 무한하게 펼쳐져있었지만 우리가 그것을 발견하지 못했을 뿐이다. 뇌를 사용하는 방법을 알고 있다면 그 기회들 중 자신에게 가장 잘 맞다 생각하는 것을 골라 성공할 수 있다.

후천적 서번트 증후군

인간이 재능을 발휘할 수 있는 분야는 자신의 의지, 편견과 상관없이 정해져있다. 이것을 증명하는 것이 바로 '후천적 서번트 증후군'이다. 머리에 큰 충격을 받고 하루아침에 천재가 된 사람들의 이야기를 한번쯤 들어왔으리라 생각한다.

이들은 교통사고, 감전 등으로 인해 뇌에 충격이 가해진 뒤, 특정한 분야에 폭발적인 재능을 보인다는 특징이 있다. 중요한 것은 재능을 보이는 분야가 이전까지의 인생과 별다른 관련이 없는 경우도 있다는 점이다.

1994년 미국 뉴욕의 외과의사 토니 시코리아는 공중전화로 전화를 하던 중 공중전화 박스에 벼락이 떨어져 감전당해 쓰러졌다. 다행히도 근처를 지나가던 간호사가 그를 발견하고 심폐소생술을 하여 목숨을 구할 수 있었다.

그런데 그가 깨어난 후, 그는 갑자기 피아노가 치고 싶다며 피아노를 치기 시작했다. 그런데 피아노가 놀라울 정도로 잘 쳐졌다고 했다. 그는 어렸을 때 잠깐 피아노를 배웠을 뿐, 잊고 살았는데 하룻밤 사이에 즉흥 연주가 가능할 정도로 피아노 실력이 늘어났다는 것이다.

2002년 미국 워싱턴의 제이슨 패지트는 저녁에 술 한잔을 마시고 걷다가 시비가 붙어 2명의 남자에게 구타를 당했다. 기절을 했다가 깨어난 그는, 세상에 보이는 모든 것들이 기하학적 모양으로 묘사가 되어 보이기 시작했다. 그는 그 모습을 그림으로 그리기 시작했고 천재 화가라는 칭호를 얻게 되었다.

영국의 건설업자 토미 맥휴는 51세에 심한 뇌출혈로 쓰러져 코마에 빠졌다가 기적적으로 회복했다. 회복 후 그는 시와 회화에 특출난 재능이 생겨 저명한 시인이자 화가로 활동하게 된다. 이전까지의 인생과 전혀 관련이 없던 분야에 재능이 생겨난 것이다.

머리를 다쳐서, 혹은 뇌출혈이 생겨서 뇌에 이전까지 없던 재능이 생긴 것일까? 그렇지 않다. 나는 후천적 서번트 증후군 이야기를 들었을 때 즉시 알 수 있었다. 머리에 충격을 받은 뒤 특정 분야에 재능이 피어난 것은, 없던 재능이 생겨난 게 아니라 있지만 몰랐던 재능을 알아챈 것으로 봐야 한다.

그들이 머리에 충격을 받기 전까지 자신의 재능을 인지하지 못하고 있던 것은, 제한신념으로 자신의 성공의 형태를 단정하고 있었기 때문이다. '나는 이 분야에서 성공해야 한다'라는 스스로에 대한 편견이, 다른 방향으로의 성공을 보지 못하게 만들었다. 그런데 머리에 충격이 가해지니 제한신념을 만들었던 뇌의 회로가 깨져 잠재되어있던 천재성이 깨어난 것이다.

당신의 능력을 인지하라

호주 시드니 대학교 교수이자 신경학자인 앨런 스나이더Allan Snyder는 '우리 모두는 천재다. 그런데 우리 뇌에는 브레이크가 걸려있어 그것을 인지하지 못한다'라고 얘기한 바 있다.

신경학자 베리트 브로가드Berit Brogaard는 후천적 서번트 증후군을 경험한 사람들은 공통적으로, 뇌 좌측 부분에서 '새로운 연결'이 나타난다는 것을 밝혀낸 바 있다. 스나이더는 이 연구를 기반으로 하여 동일한 부분에 인공석으로 새로운 연결을 만들어내는 실험을 진행했다.

그가 만든 '창의력 모자'는 뇌의 좌측 측두엽에 전기 자극을 흘려 새로운 연결을 만들어낸다. 우리의 잠재력을 제한하는 '브레이크'를 풀 수 있는 모자인 것이다. 실제로 실험결과 모자를 쓴 사람들은 수학, 예술 문제 풀이에서 작지만 유의미한 창의력 증가를 보였다고 한다.

스나이더의 지론에 따르면 인간은 어떤 방식으로든 무한한 능력을 가지고 있다. 특정한 분야에서 재능을 갖고 있을 수도 있고 뇌의 한 가지 기능이 고도로 발달해있을 수도 있다. 정말 놀랍지 않은가? 뇌의 가능성을 100% 믿는 나에게는 가슴 뛰는 일이 아닐 수 없다.

꼭 창의력 모자를 쓰지 않아도 당신의 생각을 바꾸면 당신의 뇌에 잠재된 능력을 사용할 수 있다. 뇌는 당신의 생각에 동조하여 기능하기 때문이다. 당신의 성공에 뇌 좌측의 새로운 연결이 필요하다면 뇌는 기어이 그 연결을 만들어내고야 말 것이다.

필요한 것은 '어떤 방식으로든 성공하고자 하는 생각'이다. 당신이 무슨 일을 하고 있든, 어떤 삶을 살아왔든 정말 아무런 상관이 없다. 성공의 형태를 재단하는 제한신념을 버리고 성공 자체만을 추구하라. 그러면 당신의 뇌가 당신이 지닌 자원이 무엇인지와 당신이 성공할 수 있는 방법이 무엇인지를 알려줄 것이다. 당신은 당신도 몰랐던 당신의 능력에 놀라게 될 것이다.

뇌가 보여주는 나의 이미지

『해리포터』의 저자인 J. K. 롤링은 오프라 윈프리와의 인터뷰에서 "당신은 스스로가 성공할 것이라는 사실을 알고 있었나요?"라는 질문을 받았다. 그러자 그녀는 고개를 저으며 "나는 자신감 넘치는 사람은 아니었다"라고 답했다. 오히려 그녀는 스스로를 거의 믿지 못하는 사람에 가까웠다고 고백했다.

그렇지만 그녀는 자신의 인생에서 단 하나는 확실하게 믿어졌다고 한다. 바로 자신이 '탁월한 이야기꾼'이라는 점이다. 자신감이 부족한 편인 그녀였지만, 이야기를 만들어내는 자신의 능력에 대해서만큼은 스스로를 믿고 있었던 것이다.

어려서부터 그녀는 소설을 쓰는 데 흥미를 갖고 있었다. 그리고 자신의 이야기를 재밌게 읽어주는 주변 사람들의 모습을 지속적으로 봐왔다. 그 과정에서 스스로에 대해 이야기꾼이라는 정체성을 형성해나갔다.

하지만 그녀는 너무 이른 시기에 어머니를 여의게 된다. 그리고 한 남자를 만나 아이까지 낳았지만 가정폭력에 시달리게 된다. 도망치듯 여동생이 살던 에든버러로 가고 그렇게 이혼까지 했지만 뱃속에는 둘째가 자라고 있었다.

두 아이가 있어 임시직만 할 수 있던 그녀는 정부지원금으로 살아가며 밥을 굶기도 하고, 분윳값이 없어 아이에게 물만 먹이기도 했다. 가난에 시달리던 미혼모 롤링은 우울증에 삶을 포기하고 싶을 때도 있었다.

하지만 그녀는 어려서부터 스스로가 이야기꾼이라는 정체성을 갖고 있었다. 그래서 항상 글을 쓰는 생각을 하고 있었다. 그러던 중 기차 안에서 고아 소년과 마법사 학교에 대한 아이디어가 떠올랐고, 아이들을 생각하며 심기일전해 『해리포터』를 집필하게 된다.

그녀가 『해리포터』 시리즈의 첫 번째 작품 『해리포터와 마법사의 돌』을 쓸 때 카페에서 글을 쓰고 걸어나오는데 머릿속에서 어떤 소리가 들렸다고 한다.

'출판하는 것은 어렵겠지만, 출판하면 큰 성공을 하게 될 거야.'

그녀의 뇌가 그녀가 쓴 작품의 성공 과정과 성공 가능성까지 예견해준 것이다. 그렇게 3년이 지나고 1995년 그녀는 『해리포터와 마법사의 돌』을 완성하게 된다. 실제로 책을 출간하기까지는 어려웠지만, 출간 이후 초대형 성공을 거두며 그녀는 자산 1조 원 대의 부자가 된다.

여기서 한 가지 짚고 넘어갈 부분이 있다. 그녀의 인생은 '먼 길을 돌고 돌았지만 이야기꾼으로서의 정체성을 잃지 않아 마침내 성공한 소설가'라고 정리할 수 있다. 그렇다면 그녀는 '나는 꼭 소설가로 성공해야지'라는 제한신념을 갖고 있던 것일까? 자신의 정체성이 탁월한 이야기꾼에 있다고 본 그녀의 믿음은, 일면 자신의 성공의 형태를 단정 짓고 있는 것으로 보이기도 한다.

그러나 그녀의 믿음은 제한신념과 구분된다. 그 이유는 그녀의 믿음은 자연스럽게 뇌가 보여준 이미지에 기반하기 때문이다. 그녀의 뇌는 그녀에게 '너는 탁월한 이야기꾼이니까 네 소설은 나중에 많은 사람의 사랑을 받게 될 거야'라는 이미지를 심어주었고 그녀는 자신의 뇌가 보여준 이미지를 따라간 것뿐이다. 그녀가 도저히 소설을 쓸 수 없는 생활고 속에서도 소설을 쓰게 됐다는 사실이 이를 증명한다.

만약 그녀가 '나는 꼭 소설가로 성공해야지'라고 생각하며 방황의 시절 없이 젊은 시절 내내 소설 쓰기에 몰두했다면 오히려 그녀는 『해리포터』라는 걸작을 써내지 못했을지도 모를 일이다. 같은 소설가의 길이라 해도 제한신념에 의해 뇌가 나에게 보여주는 이미지가 가려져버리면 성공할 수 있는 방법을 발견할 수 없게 되기 때문이다.

5-3

선택의 기로에
서있을 때

인생은 선택의 연속이다. 사람들은 매 순간 옳은 것, 자신에게 유리한 것, 성공과 가까운 것을 선택하기 위해 노력한다. 실제로 매 선택의 기로에서 어떤 선택을 내리느냐에 따라 우리는 성공하기도 하고 실패하기도 한다.

성공한 사람들은 매 선택의 순간에 옳은 판단을 내린 이들이라 할 수 있다. 단기적으로 보면 약간은 파괴적인 선택이거나 조금 돌아가는 선택처럼 보일지라도, 결과적으론 그것이 옳은 선택이었기에 오늘날 그들이 성공한 사람의 지위에 오른 것일 터다.

그런데 평범한 사람들은 그런 모습을 보고 '그 사람은 엄청난 혜안을 갖고 있었다'라거나 '운이 좋았다'라고 말한다. 특별한 지혜나, 행운이 있어 그들이 성공했다고 평하는 것이다. 그러나 이것은 평범한 사람들이 보이는 경지에서 내린 판단일 뿐이다.

당신이 원하는 것을 선택하라

성공한 이들은 어떻게 매번 옳은 선택을 내릴 수 있었던 것일까? 이유는 단순하다. 성공한 이들은 자신의 성공을 꾸준히 상상해온 사람들이기 때문이다. 그들의 뇌는 매 순간 그들이 상상해온 미래로 나아가기 위한 방향을 제시해주었다.

그렇다면 우리가 실제로 선택의 기로에 서있을 때 우리의 뇌가 인도하는 방향이 어딘지를 알려면 어떡해야 할까? 평소 꾸준히 성공한 미래를 상상해왔다고 해도, 막상 선택해야 될 때 무엇을 기준으로 결정해야 할지 헷갈릴 수 있다.

선택의 기로에 서있을 때 우리는 다시 한번 자신이 성공하는 모습을 상상해야 한다. 그리고 나서는 우리가 원하는 대로 선택하면 된다.

좀 허무한 대답일 수 있지만 이것이 정답이다. 이때 우리가 원한다고 느끼는 감정은 뇌가 만들어준 것이기 때문이다.

중요한 점은 당신의 뇌가 이미 부자의 뇌로 바뀌어있다면,

그 상태에서는 어떠한 선택을 내리든 그 선택으로 인해 성공한다는 당신의 운명이 바뀌진 않으리라는 것이다. 당신의 내면언어가 이미 성공을 말하고 있다면, 당신의 눈에 좋아보이는 A, B 중 어떤 것을 선택하든 당신은 그 안에서 성공을 찾게 된다. 그러나 당신의 내면언어가 아직 가난을 말하고 있다면 당신은 돌이킬 수 없을 정도로 잘못된 선택을 내릴 수도 있다.

윌 스미스는 모르는 사람이 없을 정도로 세계적으로 유명한 영화배우다. 그는 지금까지 총 1조 원 이상의 출연료를 받은 것으로 알려져있다.

그는 유명해지고 나서 얼마 되지 않아, 한 토크쇼에 출연해 이런 말을 했다.

"당신이 선택의 기로에 서있다면 원하는 것을 선택하면 된다. 주변 상황이나 감정에 흔들리지 말고 그냥 원하는 것을 선택하라. 내가 어떤 모습으로 무엇을 하는 삶을 살 것인지를 정했다면, 그에 맞춰 생각하고 판단하고 선택하면 된다."

그는 알고 있었다. 원하는 것을 선택하면 그것이 당신을 성공으로 이끌어줄 것이라는 사실을 말이다. 물론 스미스 또한 자신이 성공한 모습을 꾸준히 그려왔을 것이다. 그렇기에 자신의 판단을 믿고 선택한 것이다.

5-4

모든 일에는
긍정적 의도가 있다

부자의 뇌를 가진 사람은 모든 일에 '긍정적 의도'가 있음을 알고 있다. 전화위복轉禍爲福, 현재 맞닥뜨린 불운한 상황과 부정적 환경이 결국 내 성공을 도와주는 방향으로 작용하리라 믿는 것이다. 심지어는 내가 아픈 것에도, 사랑하는 사람과 헤어지는 것에도, 실패하는 것에도 모두 긍정적 의도가 있다 확신한다.

나 또한 '나는 1,000억 원을 벌었다'라는 말을 입에 달고 살다보니 모든 일에서 긍정적 의도를 찾게 된다. 그러니 어쩌다 나쁜 일이 생겨도, 그것이 나의 성공에 도움이 될 방법은 없는지 모색하고 있는 나를 발견하게 된다. 당연히 그 일로 인한 심리적 타격도 적을 수밖에 없다.

물론 처음부터 이러한 스탠스를 유지할 수 있었던 것은 아니다. 이러한 멘탈을 유지하게 되기까지 부정적 사건이 긍정적으로 작용하게 되는 수많은 경험을 겪어야 했다.

홈페이지 제작 사기를 당했던 일

1,000억 원을 벌었다는 생각을 두 달 정도 반복했을 무렵, 내게 돈 버는 아이디어가 쏟아지기 시작했다. 나는 그 아이디어 중 몇 가지를 현실화하여 어느 정도의 돈을 벌기도 했다. 그리고 번 돈을 재투자해서 비즈니스를 확장시킬 수 있는 홈페이지를 만들었다.

그런데 내가 처음 홈페이지 제작 의뢰를 맡겼던 외주자는 사기꾼에 가까운 사람이었다. 원래 제작 기일보다 일주일 늦게 홈페이지를 제작했는데, 중요한 기능은 하나도 돌아가지 않았다. 그래서 수리·보수를 요청하니 추가요금을 요구했다. 소통하는 과정에서 감정적 모습을 보이는가 하면 연락도 잘 안 되기 일쑤였다.

나는 시간이 지체될수록 나만 손해라는 생각에, 추가금을 줘가며 필요한 기능을 보강할 수밖에 없었다. 하지만 보강된 홈페이지도 겉만 멀쩡했을 뿐 홈페이지를 오픈하고 고객들이 회원가입을 하기 시작하니 수많은 오류가 발생했다. 발생하는 오류를 해결할 때마다 매번 추가비용을 내야만 했다.

나는 환불을 요청했지만 오히려 돈을 더 내라는 이야기를 듣게 되었다. 결국 나는 돈은 돈대로 쓰고, 홈페이지 오픈을 기다리는 고객들에게는 큰 실망감을 안겨주었다.

사실 이때 나는 엄청난 스트레스를 받았다. NLP 스킬을 이용해 스트레스를 줄이려 노력하기도 했지만 잘 안 되었다. 휙 하고 내가 원하는 이미지를 떠올리는 스위시 기법을 쓰기도 했고, 엄지로 검지를 꾸욱 눌러 촉각적 자극을 활용하는 앵커링 기법도 사용했다이에 대해서는 2부에서 NLP 기술을 설명할 때 자세히 다루겠다.

결국 나는 어쩔 수 없이 불편한 감정을 마음 한편에 쌓아 놓고 다시금 1,000억 원을 벌었다는 생각을 반복했다. 어느 정도 시간이 지나 마음의 평정심을 찾고 상황을 다시 돌아보았다. 가만 보니 그 회사는 능력도 없이 자존심만 세우는 곳이었다. 당장 그 업체와의 거래를 끊어야 했다. 그것이 내 미래를 위한 유일한 길이었다.

나는 크디큰 손해를 맛봤다. 그동안 홈페이지 제작에 투자한 돈은 모두 날렸고, 날 기다려준 고객들의 신뢰에 손상을 입혔다. 나는 고객들에게 정말 죄송하지만 홈페이지를 처음부터 다시 만들어야겠다고 양해를 구했다.

그러나 나는 사기를 당하고 그것을 복구하는 과정에서 더 큰 성공을 맛봤다. 오히려 사기를 당하지 않았다면 도달하지 못했을 수준의 성공이었다.

나는 다시 홈페이지 제작 전문가를 찾았다. 그 과정에서 인터넷 홈페이지의 구조를 공부하여 내게 필요한 기능들에 대해 더 정확하게 말할 수 있게 되었다. 또한 새롭게 구한 개발자는 상상 이상의 실력자였다. 지금은 우리 회사의 대표 개발자로 있다.

만약 처음에 만났던 홈페이지 제작 외주자가 사기꾼이 아니었다면 어땠을까? 적당히 성실하게 수리·보수를 해주긴 하지만 실력은 없는 사람이었다면? 지금 생각하면 너무 소름 끼친다. 능력도 없고 감각도 없는데 사기꾼만 아니라는 이유로 그들과 계속 일을 했다면 나는 결코 지금의 성공을 거두지 못했을 것이다.

혹은 내가 사기를 당했을 때 처음부터 다시 시작하지 않고 능력 없는 외주자 탓만 하며 지냈다면 어떻게 됐을까? 사업은 뒷전으로 한 채 그들과 소송을 하며 보냈다면 말이다. 홈페이지 개설을 기다리는 나의 고객들은 모두 떠났을 것이며 지금처럼 고수익을 만들어내는 홈페이지는 존재하지도 않았을 것이다.

부정적 상황이 긍정적 결과로 이어진 것은, 그 부정적 상황이 찾아왔기 때문이다. 그리고 긍정적 결과로 이어지는 판단을 내릴 수 있었던 것은, 불운한 상황 속에서도 원하는 생각만을 반복했기 때문이다.

당신이 부자의 뇌를 지닌 사람이라면 모든 일에는 긍정적 의도가 있다고 믿는 것이 옳다. 어떤 상황에서도 원하는 생각을 반복하며 앞으로 나아간다면 뇌가 그 상황을 타개할 방법을 알려준다.

나를 괴롭히는 부정적 상황들은 항상 시간이 지나 뒤돌아보면 긍정적 의도가 내포되어있었음을 깨닫게 된다. 내가 꼭 알아야 할 것들을 알려주거나, 오히려 더 빠른 길로 안내해준다. 기억하자. 나에게 일어나는 모든 일은 나에게 꼭 필요한 긍정적 의도가 포함되어있다는 사실을.

이 책이 출간되기까지

나는 처음부터 이 책을 낼 출판사로 국일미디어를 꼽고 있었다. 내가 감명 깊게 읽은 책들을 출간한 곳이었기에 믿고 책을 낼 수 있을 것 같았다. 하지만 국일미디어에 원고를 투고했을 당시 바로 답장이 오지는 않았다.

결국 답장이 온 다른 출판사 다섯 곳과 차례로 미팅을 가졌다. 그중 한 곳은 말도 안 되게 좋은 조건을 내걸어 내 마음을 사로잡기도 했다. 나는 신이 나서 강의를 듣는 사람들에게 자랑까지 했다.

하지만 막상 계약을 하려 하니 그 출판사에서 말을 바꿔, 내가 300만 원을 내야 출간이 가능할 것 같다고 전해왔다. 그 대신 인세를 더 많이 주겠다고 했지만 아무래도 자비출판은 아닌 것 같아 나는 다음을 기약하기로 하고 본업에 집중했다.

그런데 가만히 생각해보니 나는 내 책을 파는 데 워낙 자신있었기에 자비출판도 상관없다는 판단이 들어 해당 출판사와 우편으로 계약을 하기로 했다. 그런데 거짓말처럼 우편 서류가 도착하는 날, 국일미디어에서 늦은 연락이 왔다. 나는 정확하게 내가 원하는 출판사에서 책을 내게 된 것이다.

만약 처음에 얘기된 출판사가 말을 바꾸지 않았다면 어떻게 됐을까? 국일미디어에서 연락이 왔을 무렵 나는 이미 그 출판사와 계약을 완료한 뒤였을 것이다. 그렇게 나는 내가 원하는 출판사와 책을 낼 기회를 놓칠 뻔했다.

지금 생각해보면 아찔한 상황이다. 우연이라고 생각하는가? 절대 그렇지 않다. 당신의 머릿속이 늘 원하는 생각으로 가득차있다면 일이 잘 안 풀리더라도 걱정할 필요가 전혀 없

다. 왜? 내가 경험하는 모든 것들이 긍정적인 방향으로 풀려
나갈 것이기 때문이다.

설사 내가 이전 출판사와 계약을 마친 뒤에 국일미디어에
서 연락이 왔더라도 나는 좌절하지 않았을 것이다. 그러한 상
황엔 또 그 나름대로의 긍정적 의도가 깔려있을 것이기 때문
이다. 살면서 경험한 모든 것은 당신을 성공시키기 위한 자원
이다.

5-5

정신과 육체는
연결되어 있다

『시크릿』에는 비행기 추락에서 살아남았지만 전신마비로 살아가게 된 사람의 이야기가 소개된다. 그는 평생 전신마비로 살아야 한다는 진단을 받았음에도 불구하고, 자신이 크리스마스 전에 걸어서 병실을 나갈 것이라 선언했다. 그리고 그는 매일 병원을 걸어서 나가는 상상을 했다. 마침내 그는 스스로 걸어서 병원을 나올 수 있었다.

위 사례가 육체가 정신의 영향을 받은 경우라면, 반대로 정신이 육체의 영향을 받은 경우도 있다. 심장 기증을 받은 뒤 성격이 완전 달라진 사람들이나, 장기 기증을 받은 뒤 전과 다른 식욕을 보이거나 취향이 바뀐 사람들이 그러한 예다. 이것들은 우리의 정신과 육체가 긴밀하게 연결되어있다는 사실을 말해준다.

생각과 통증의 연결

우리 몸의 통증은 우리의 생각이 어딘가 잘못되어있다는 신호다. 단순히 '아프다고 생각하니 아픈 것이다'와 같은 얘기가 아니다. 잘못된 생각의 유형에 따라 통증의 부위가 다르게 나타나기도 하니 말이다.

우리가 원하지도 않는 것에 대한 생각에 골몰해있으면 우리의 몸이 아파온다. 편두통이 심한 사람들은 대부분 골머리 썩는 일만 생각하고 있다. 소화가 잘 안 되는 사람들은 주로 무언가를 참고 견뎌내려고 노력하는 사람들이다. 놀랍지 않은가? 내가 하는 생각이 내 육체에 직접적으로 영향을 준다.

반대로 우리는 생각을 변화시켜 병과 통증을 치료할 수도 있다. 생각의 변화로 감기도 즉시 사라지게 할 수 있고, 치료가 어렵다고 여겨지는 암과 같은 병도 생각을 통해 얼마든지 치유시킬 수 있다.

나 역시도 CRPS라는 불치병 진단을 받았지만 이렇게 건강하게 잘만 살고 있다. 나는 배가 아프거나 머리가 아플 때마다 원하는 것에 대한 생각과 건강한 모습에 대한 생각을 참으로 많이 했다.

몸이 아프다면 제때 병원에 가는 것도 물론 중요한 일이다. 하지만 진정으로 건강해지기 위해서는 긍정적인 생각으로 머릿속을 채울 필요가 있다. 그러면 당신의 뇌가 당신이 원하는 미래를 현실화시키는 과정에서 당신 몸의 병도 치료할 것이다.

정신이 육체를 지배한다

많은 선수들이 부상 투혼으로 우승을 한다. 물론 그렇지 못한 선수도 많지만 부상을 딛고 일어나 우승하는 선수들이 빈번하게 보인다. 그런데 상식적으로 생각해보면 부상을 입고 우승한다는 건 기적에 가깝다. 이상하지 않은가?

사람들은 그걸 보고 '부상이 있었는데도 우승을 했다'라고 생각하지만 나는 이러한 현상을 다르게 바라본다. 그들은 훈련을 못 하고 재활하는 과정을 거치면서, 더 간절하게 우승을 바라게 된 것이다. 그러한 생각이 훈련의 공백과 부상 후유증에도 불구하고 우승을 거머쥐게 만들었다.

스포츠 예능 프로그램에 출연해 탁구가 제일 좋다던 아이, 신유빈 선수는 어려서부터 탁구를 쳤다. 아버지의 적극적인 지원도 있었지만 그녀는 정말 탁구를 사랑했다. 한 인터뷰에서는 '태릉선수촌 생활이 힘들지 않으냐'라는 질문에 '운동만 할 수 있어서 좋다'라고 답하기도 했다.

그런데 그녀는 중요한 시점에 부상을 입었고 뼈를 잘라내는 수술까지 해야 했다. 탁구를 못 치게 된 그녀는 매일 울었다. 하지만 재활을 하면서도 탁구에 대한 생각만 했다. 원래는 그해 올림픽 개최 전까지 회복이 되지 않아 출전을 못 할 예정이었지만, 코로나로 인해 올림픽이 연기되면서 그녀는 출전할 수 있었다. 매일 탁구를 치고 싶다고 생각한 그녀의 간절함에 뇌가 응답한 것이다.

미국 클리블랜드 병원 '러너 연구소'에서는 '생각으로 근육의 힘을 키우는 것'에 대한 연구를 진행했다. 실험 참가자들은 매일 자신 앞에 그려진 선을 5초간 위로 끌어올리는 상상을 하고 5초 동안 쉬는 것을 50번씩 반복했다. 어떤 신체적 움직임 없이 생각만 한 것이다.

이러한 활동을 3개월간 반복한 결과 놀라운 변화가 일어났다. 노인과 젊은 사람 모두 근력이 강화되었는데, 특히 잘 사용하지 않던 근육들이 활성화되었다. 이것은 우리가 반복해서 원하는 것을 생각하면 활력이 생기고 실행력이 생기는 이유를 보여준다.

내셔널지오그래픽에서 방영하는 뇌를 소재로 한 과학 TV 프로그램 「브레인게임」에서는 '긍정적 기대가 우리의 신체적 능력에 미치는 영향'에 대해 다룬 적이 있다. 방송은 한 여성 출연자에게 농구 골대에 농구공을 10번을 던지게 하는 것으로 시작한다. 농구를 해본 적이 없던 그녀는 단 한번도 골대에 공을 넣지 못했다.

이후 제작진은 그녀에게 "할 수 있다고 믿으면 더 잘할 수 있다"라고 이야기한다. 그리고 청중들을 불러모은 뒤 그녀로 하여금 눈을 가리고 슛을 하게 했다. 청중들은 모두 연출된 이들이라 그녀의 공이 골대에 들어가지 않아도 들어간 것처럼 환호했다. 골대에 공이 들어간 듯한 환호에 그녀는 정말이냐며 의아해했다.

제작진은 놀라운 결과라며 그녀를 칭찬하고 한 번 더 그녀가 골을 넣으면 그녀에게 정말 재능이 있을지도 모르겠다고 추켜세웠다. 그녀가 다시 눈을 가리고 공을 던졌을 때 여전히 골은 들어가지 않았지만 청중들은 환호를 터뜨렸다. 그녀는 자신에게 정말로 재능이 있다는 착각을 했을 것이다.

진짜 실험은 이때부터였다. 눈을 가리고도 슛을 2번이나 성공시켰다고 믿은 그녀는 정말 슛 실력이 향상되었을까? 처음과 마찬가지로 눈을 가리지 않은 채 10번 공을 던질 기회가 주어졌다. 그런데 그녀는 무려 4번이나 슛을 성공시킨다. 자신에게 재능이 있다고 믿은 것만으로도 그 자리에서 실력이 향상된 것이다.

기억하자. 정신과 육체는 하나다. 단순히 영향을 주고받는 정도가 아니라 톱니바퀴가 즉각적으로 맞물리는 하나의 기계처럼 돌아간다. 우리는 원하는 것을 생각하는 것만으로도 얼마든지 우리의 육체를 건강하고 활력 넘치게 만들 수 있다. 특정한 활동이나 운동에 누구보다 탁월해지는 것도 불가능은 아니다.

5-6

실패는 없다!
피드백이 있을 뿐

실패는 처절하고 비참하다. 많은 사람들이 실패를 통해 배웠다고 말하지만, 사실 실패의 경험이 많아지면 많아질수록 사람은 점점 더 수동적이고 폐쇄적으로 변해간다. 더 고통받기 싫어서 숨게 되는 것이다. 실패를 극복하라고들 하지만 반복되는 실패 속에서 버티기란 너무나 어렵다.

흔한 자기계발서에서는 '노력한 뒤 얻는 실패가 더욱 값지다'라고 말한다. 이런 격언은 마치 실패를 인정하고 견뎌내야 성공할 수 있는 것처럼 내면언어를 만들어낸다. 하지만 이런 내면언어를 갖춘 사람일수록 실패는 더 처절하고 비참하게 다가올 뿐이다. 이들은 실패를 아주 성실하고 정직하게 맞이하기 때문이다.

실패는 보지 못한 척 외면하라

오랜 시간 원하는 생각으로 뇌를 변화시키면, 인생을 대하는 태도에 변화가 생긴다. 자신이 원하는 것 외의 것들은 잘 신경 쓰지 못하는 것이다. 씻는 것도 까먹고 밥 먹는 것도 까먹고 지인과의 약속시간에도 늦기 일쑤다.

이런 사람들에게는 실패가 그다지 눈에 들어오지 않는다. 아예 자신이 실패했다는 사실을 인지하지 못하는 사람도 있다. 혹 실패했다는 사실은 인시하더라도 자신의 실패를 감정적으로 바라볼 여유가 존재하지를 않는다. 실패를 외면한다고 표현해도 좋을 것이다.

대신 실패한 상황 속에서 새로운 것들이 보이기 시작한다. 내가 원하는 것과 관련된 다른 종류의 기회들이 포착되는 경험을 한다. 결국 무의식적으로는 실패에 대해 '내가 원하는 것을 이루는 데 필요한 피드백을 주는 좋은 일'로 받아들이게 된다.

전직 나사 엔지니어이자 작가인 호머 히컴은, 어렸을 때 밤하늘 위로 인공위성이 날아가는 모습을 보고 로켓 발사에 대한 꿈을 키웠다고 한다.

그는 로켓을 발사하겠다는 일념으로 이것저것 주워 로켓 모형을 만들어 발사하고 실패하길 반복했다. 그의 아버지는 매일같이 폭약을 터뜨리며 사고를 치는 아들에게 핀잔을 주었지만 그는 아침저녁으로 로켓 발사를 연구하는 데만 몰두했다.

그는 특히 수학 공부를 열심히 했다. 그의 반에는 시험성적이 전교 1등이지만 친구가 없어 왕따인 학생이 있었는데, 히컴은 그 학생에게서 수학을 배우기 위해 점심시간마다 찾아갔다. 그 학생과 어울리면 자신도 왕따를 당할 수 있는 상황이었지만 그는 전혀 개의치 않았다.

그렇게 친구와 밤낮없이 공부하며 연구를 지속한 결과 히컴은 결국 소형로켓을 발사하는 데 성공했다. 많은 난관이 있었지만 포기하지 않았고, 과학 대회에 나가 우승까지 거머쥐어 아버지에게도 인정을 받았다. 그 후 명문대학교에 입학하고 나사에서 엔지니어가 되어 활약하게 된다.

흔한 자기계발서에서 호머 히컴의 이야기를 소재로 쓴다면 '실패를 두려워하지 마라', '주변의 시선에 굴하지 말고 너의 꿈을 향해 달려가라'와 같은 메시지들을 뽑아낼 것이다.

실제로 히컴이 했던 행동들은 맞지만 이러한 메시지에는 중대한 오류가 있다. 히컴에게는 로켓을 날리고자 하는 열망이 있었다는 점을 빼먹은 것이다. 이러한 열망이 그로 하여금 실패나 주변의 시선을 의식하지 않게 만들어준 것이지, 그가 실패를 두려워하지 않고 주변의 시선을 의식하지 않는 사람이라서 성공한 것이 아니다.

히컴의 뇌는 온통 로켓 발사에 빠져있었다. 그렇기에 그의 눈에는 실패가 들어오지도 않았다. 주변의 시선은 신경 쓸 틈도 없었던 것이다. 그런데 이와 같은 몰입 없이 '나는 실패를 두려워하지 않겠다'라고 다짐한들, 막상 실패를 겪으면 더 실패에 집중하게 되고 쓰라린 아픔을 느끼게 된다.

힘든데, 괴로운데 억지로 참고 억지로 좋은 척을 하는 것은 사실 대단한 것도 아니고 긍정적인 것도 아니다. 그저 뇌가 제 능력을 발휘하지 못하도록 지치게 만들 뿐이다.

자기계발서는 성공한 이들이 보인 행동을 외적으로만 탐구할 뿐 그들이 어떠한 생각으로, 어떤 영감이 떠올라서 그런 행동을 했는지를 탐구하지 않는다. 그러고는 마치 그 행동을 해서 성공한 것처럼 소설을 쓴다. 이것이 아무리 자기계발을 해도 삶이 제자리인 이유다.

실패는 열정이 생기는 과정이다

컴퓨터 게임에 중독되는 이유는 아쉬웠던 플레이를 복기하면서 뇌가 점점 게임으로 가득차기 때문이다. 주식 또는 코인 투자에 중독되는 이유도 자신이 손실을 본 종목의 그래프를 수시로 확인하며 계속 투자를 생각하게 되기 때문이다.

돈 버는 일도 비슷하다. 처음에는 실패하고 깨지기 마련이다. 그러면 '어떻게 해야 성공할까?'라는 생각과 '꼭 되었으면 좋겠다'라는 생각이 머릿속을 채우기 시작한다. 그렇게 실패를 맞닥뜨리고 실패를 해결할 방법을 고민하다보면 어느 순간 확신이 생긴다. 그러다보면 어느새 돈 버는 일에 관해서는 아무도 말릴 수 없는 열정가가 되어있다.

게임을 복기하듯 돈 버는 일을 복기하라. 실패를 겪더라도 '돈을 어떻게 벌까?'라는 생각에 집중하여 '다음엔 이렇게 해볼까, 저렇게 해볼까?' 하는 생각에만 집중하는 것이다.

물리적인 변화가 없고 당장의 성과가 없어도 괜찮다. 뇌가 지닌 무한한 능력을 믿고 원하는 생각에 집중하자. 당신은 이미 성공해있는 것이나 다름없다. 그러다보면 실패의 경험은 '좌절감'으로 연결되는 것이 아닌 더 큰 '열정'으로 연결될 것이다.

2부

나를 바꾸는 힘 NLP

NLP^{Neuro Linguistic Program}란 '신경 언어 프로그램'이라는 뜻으로 인간의 뇌에 내재된 잠재력을 끌어내기 위한 심리학 방법론의 일종이다. 언어와 마음의 상호작용을 유도하여 사람을 변화시키는 뇌과학적 기술이라 할 수 있다.

인간의 뇌신경은 시각, 청각, 촉각, 미각, 후각 등 오감으로 프로그래밍되며, 뇌에서 사고한 결과를 나타내거나 타인과 의사소통을 할 땐 언어를 통한다. 따라서 오감과 연결된 언어적 표현은 뇌신경에 깊은 영향을 준다.

'빨간색 코끼리', '회색 꽃'

방금 당신의 머릿속에 빨간색 코끼리와 회색 꽃이 떠올랐을 것이다. 실제로 존재하지 않아도 언어로 표현하는 순간 이것들은 당신의 머릿속에 존재하게 된다. 뇌는 상상의 영향을 받으며 상상은 언어를 통해 시작되기 때문이다.

NLP 이론에 따르면 인간의 뇌를 변화시키기 가장 쉬운 방법은 평소 사용하는 말을 바꾸는 것이다. 예를 들어 성공했을 때 볼 수 있는 이미지, 들리는 소리, 감정적 느낌을 표현한 언어를 사용하면 우리의 뇌를 빠르게 성공하는 뇌로 변화시킬 수 있다.

6장

성공으로 향하는 NLP 기술

성공을 체험시켜주는
하위감각양식

시각, 청각, 후각, 미각, 촉각으로 이뤄진 신체 감각은 우리에게 주어진 소중한 자원이다. 우리는 이들을 활용하여 빠르게 성공에 다가갈 수 있기 때문이다. 우리의 성공에 도움이 되도록 오감을 조율하는 방법을 살펴보자.

감각을 조율해 대상의 가치를 변화시킨다

'하위감각양식'은 오감의 특성을 활용해 우리의 욕구와 감정, 역량을 변화시키는 기술이다. 오감은 대상을 인식하는 각각의 기준을 갖고 있는데, 특정 대상을 인식할 때 우리의 감각을 조율하면 대상에 대한 감정도 변화시킬 수 있다.

- 시각 조율 : 크거나 작게, 가까이 있거나 멀리 있게, 다양한 색과 모양을 띠게 조율할 수 있다. 상상을 통해 특정 대상의 시각 정보를 조율해보자. 싫어하는 사람이 있다면 그 사람을 2L 생수만큼 작게 만들어보자. 머리 가운데를 싹 밀어버리고 양쪽 머리에 삐삐머리를 달아라. 싫어하는 사람이 우스운 모습이 되면 더 이상 내 속을 시끄럽게 할 수 없다. 이밖에도 내게 스트레스를 주는 대상의 이미지를 멀거나 작게 만들어 버릇하면 대상의 가치가 줄어들어 스트레스의 압박을 줄일 수 있다.

- 청각 조율 : 소리가 크거나 작게, 가까이 들리거나 멀리 들리게, 혹은 변조하는 것까지 조율이 가능하다. 집중해야 할 일이 있는데 어디서 잡음이 들려 집중이 안 된다면, 그 소리가 점점 더 작게 느껴진다고 상상할 수 있다. 잠을 잘 때 가장 좋아하는 소리나 음악을 떠올리는 것도 도움이 된다. 당신에게 스트레스를 주었던 말이나 소리가 머릿속에서 자동으로 울린다면 그것을 점점 작게 만들어라. 그리고 당신을 기분 좋게 한 말이나 소리를 점점 더 크게 만들어라.

- 후각 조율 : 냄새를 더 진하게, 혹은 옅게 조율하는 것이 가능하다. 내가 있는 곳의 냄새를 맡아보고 더욱 디테일하게 맡고 싶다면 더욱 진하게 느껴지게 조율할 수도,

전혀 안 느껴지게 조율할 수도 있다.

- 미각 조율 : 평소에는 그냥 먹던 음식들도 어떤 재료가 들었는지를 신경 쓰면 또 다른 맛이 느껴지기도 한다. 재료 하나하나를 음미하며 먹는 경험을 통해 이를 쉽게 체험할 수 있다.
- 촉각 조율 : 누군가 당신에게 정말 감사하다며 악수를 청한다고 가정해보자. 이때 단단하게 잡은 손의 느낌을 상상으로 점점 더 강화시킬 수 있다.

하위감각양식을 통한 공포 치료

나는 10여 년간 심리상담을 하면서 정말 많은 사람을 만났다. 그들 중에는 특정 동물이나 물건에 공포를 느끼는 사람들도 있었는데, 하위감각양식을 활용하면 금방 해결됐다.

'공포'라고 하는 것도 뇌가 만들어내는 것이다. 인간은 생존에 위협을 받는 상황이 되면 공포를 느낀다. 문제는 생존을 위협하지 않는 상황에서도 공포를 느끼게 될 때다.

하루는 뱀이 무서워 뱀이라는 단어조차 말하기 두려워하는 사람이 나를 찾아왔다. 나는 그에게 가장 좋아하는 게 무엇인지 먼저 물어봤다. 그는 돈이 가장 좋다고 했다. 나는 "5만 원짜리를 두르고 있는 뱀이 있다고 해봅시다"라고 말했다. 그랬더니 그는 "와 신기하다. 루이비통 뱀이 되었네요"라고 반응했다.

나는 그 뱀의 눈을 청순 만화에 나오는 눈으로 만들어보라고 했다. 그리고 크기도 더 삭게 만들어보라고 했다. 그랬더니 그는 "오히려 적당히 큰 게 더 명품 같다"라고 말했다. 그렇게 대화한 지 5분도 지나지 않아 뱀에 대한 공포는 그에게서 사라졌다.

그제야 그는 자신이 왜 뱀을 무서워하게 되었는지 말하기 시작했다. 그의 아이가 어린이집에 다닐 때, 아이 옆으로 뱀이 지나가는 것을 보게 된 것이다. 순간 그 뱀이 아이를 무는 모습을 상상하게 되었다고 한다. 당시에는 아무 일이 없었지만 그 이후로 뱀만 보면 몸이 얼어붙게 된 것이었다.

당신에게도 떠올리기만 해도 두려워지는 무언가가 있는가? 당신이 그것을 두려워하는 이유는 그것이 당신이 어떻게 할 수 없는 영역에 있다고 판단하기 때문일 가능성이 크다. 그 존재가 상당히 크고 선명하게 느껴지기 때문이다.

그러나 당신이 그것을 마음대로 상상하고 조율할 수 있다는 것을 알게 되는 순간 그것이 아무것도 아닌 것처럼 인식될 것이다. 그러면 그것이 주는 공포에서 벗어날 수 있다.

한번은 쥐에 대한 공포증이 있는 사람이 찾아왔다. 나는 그의 앞에 상상의 모니터가 있다고 가정한 뒤 거기에 쥐를 띄우고 그의 손에 리모컨을 들려줬다. 그는 리모컨의 버튼을 눌러 쥐의 시각적 이미지를 조율할 수 있었다.

그가 버튼을 누르면 쥐의 색깔과 크기가 바뀌기도 했고, 미키마우스로 바뀌거나 컴퓨터 마우스로 바뀌기도 했다. 쥐의 시각적 이미지를 바뀌게 했을 뿐인데 그는 더 이상 쥐를 무서워하지 않게 되었다. 그의 머릿속에서 쥐는 통제 가능한 대상이 되었기 때문이다.

무의식에 프로그래밍된 가난, 불행, 외로움에 대한 두려움 역시 그와 관련된 이미지를 조율하는 경험을 해봄으로써 해소시킬 수 있다. 이런 것들에 대한 두려움의 해소는 성공의 관점에서 어마어마한 성장으로 이어질 것이다.

가난한 사람들은 자신을 불편하게 하는 것을 주로 상상한다. 그래서 원하는 것을 이룰 기회가 보이지를 않는다. 그런데도 성공을 하기 위해 뭔가를 붙잡고 노력한다. 이것은 눈과 귀를 가리고 원하는 곳을 가겠다고 하는 것과 같다. 올바르게 갈 수도 없거니와 정신에 계속해서 상처만 생기게 된다.

1,000억 원을 벌었을 때의 감각

우리는 하위감각양식을 활용하여 완전한 성공을 경험해볼 수 있다. 내가 정말로 1,000억 원을 벌었을 때의 모습을 완성시켜라. 단순한 이미지가 아니라 머릿속에 그려지는 영상으로 만들 수도 있다.

1,000억 원을 벌었을 때 내겐 어떤 것들이 보일까? 그것들을 매우 크고 선명하게 확대해보자. 어떤 소리가 들리는가? 그 역시 생생하게 들어보자. 성공한 당신은 뭘 먹고 마시고 있을까? 그 향과 맛을 가장 진하게 떠올려보자. 입은 옷의 감각, 타는 차의 감각은 어떨지 피부로 느껴보자.

조율을 하다보면 한 번씩 그 감각에 푹 빠져 전율을 느끼는 순간이 있다. 뇌에 강한 자극을 주는 것이다. 성공이 내 삶에 가장 중요하다고, 내 뇌에 각인시키고 프로그래밍하는 것이다.

원하는 생각을 계속함으로써 전두엽이 활성화되면 내 의지대로 생각을 통제하는 것이 수월해진다. 감정적으로 문제가 생겼을 때 그것을 객관화하는 일이 익숙해지며, 안 좋은 상황에서도 원하는 것을 보고 성과를 내는 일이 잦아진다.

당신이 성공한 모습을 온 우주를 덮을 만큼 크게 만들어보기도 하고 선명하게 만들어보기도 해라. 성공에 관련된 소리가 들리도록 세팅해보는 것도 좋다.

이 시간 이후부터 당신은 당신의 감각을 원하는 대로 조율할 수 있는 사람이다. 성공한 사람들은 무언가에 미쳐있는 사람들이다. 그것만 보이고 그것만 들린다. 느껴지는 모든 것이 그 성공과 연결된다. 당신도 그렇게 되어야 한다.

6-2

나의 이야기를 만드는
영화관 기법

스티븐 스필버그는 어릴 적 부모님과 영화를 봤는데, 영화 속 열차 사고가 나는 장면을 보고 큰 트라우마가 생겼다. 그는 부모님에게 부탁해 열차 사고가 나는 장면을 직접 연출하고 카메라로 찍었다. 그리고 그 장면을 작은 화면으로 만들어 돌려보며 트라우마를 극복할 수 있었다.

그는 실제로 영화를 만드는 사람이 됐지만 뇌를 원하는 대로 사용하기 위해서는 우리 모두 영화감독이 되어야 한다. 뇌에게 어떤 이미지를 보여주려면 영화의 형식이 최고이기 때문이다. 실제로 영화는 인간의 뇌를 가장 강하게 몰입시키는 콘텐츠로 평가된다.

나는 집에서 쉴 때 원하는 것을 이룬 나의 삶을 영화로 만드는 상상을 한다. 그게 어떤 예능이나 영화보다 재미있다.

나의 성공 스토리가 담긴 영화

당신은 상상 속의 영화관에 앉아있다. 그리고 당신 손에는 영화의 내용을 정할 수 있는 만능 리모컨이 쥐어져있다. 그 영화관은 상영되는 영화를 보는 곳이 아닌 만능 리모컨을 통해 당신이 원하는 내용의 영화를 보는 곳이다. 영화 속 주인공은 바로 당신이다. 자신을 주인공으로 한 영화를 만들어보자.

당신이 직접 영화를 만들 수 있다면 어떤 내용의 영화이길 바라는가? 당신이 그 영화의 주인공인 것은 맞지만 배우로서가 아닌 감독으로서 작품을 만든다고 생각하라. 상상만 해도 흥분되는 경험이다.

- 1단계 : 자신이 성공했을 때의 시나리오를 작성한다.
- 2단계 : 언제 어디에서 무엇을 어떻게 하는지, 무엇이 보이고 어떤 소리가 들리는지, 그때의 느낌은 어떠한지 까지 가능한 한 세세하게 영상으로 만든다.
- 3단계 : 때로는 영화의 주인공이 된 것처럼, 때로는 감독으로서 자신을 찍고 있는 것처럼 영화의 내용을 상상한다.

영화의 내용을 상상할 때는 온몸의 근육이 편하게 이완된 상태로 하는 게 좋다. 자기 전 캄캄한 방 천장에 영상을 그리면 더욱 선명하게 보인다.

본격적인 영화관 기법에 돌입하기 전 가능하다면 글로 직접 대본을 적어보라. 자신이 얼마나 성공했는지, 사람들과 어떻게 소통을 하고 있는지, 사람들이 나를 어떻게 바라보는지 등 원하는 것을 모두 시나리오에 포함시켜라.

영화 속 내용이 진짜로 이뤄지다

나 또한 영화관 기법을 직접 실천했다. 그리고 영화 속 내용으로 담았던 많은 것들이 실제로 이뤄지는 경험을 했다. 내가 초보 강사 시절 만든 영화의 내용은 다음과 같았다.

"나는 전국으로 강연을 다니고 있고 책을 썼다. 저자 강연을 하는데 많은 사람들이 와주었다. 특히 한 가족이 '덕분에 저희 가족이 잘살게 되었다'라며 감사 인사를 전했다. 나의 인생이 정말로 가치 있다는 생각에 가슴이 뭉클해졌다."

그리고 2년 후 나는 정말로 책을 썼다. 그리고 저자 강연에 교육을 들었던 한 부부가 작은 아이를 안고 찾아와서 '덕분에 저희 가족이 잘살게 되었다'라며 인사를 하고 갔다. 그 가족은 아내의 우울증이 심해 남편이 먼저 나의 교육을 듣고 아내도 교육을 듣게 했던 사연이 있었다.

사실 당시에는 나의 영화관 기법이 그대로 실현되었다는 걸 알아차리지 못했다. 기분 좋게 저자 강연을 마치고 시간이 조금 지나서야 알게 되었다. 내가 영화로 만들어놓았던 그 날의 그 모습이 그대로 반영이 되었다는 사실을 말이다. 뇌를 사용하다보면 우연이라고 하기에는 이런 일들이 너무나도 자주 생긴다.

6-3

성과 중심
사고방식

미국의 발명왕 에디슨과도 견줄만한 위대한 발명가이자 과학자인 찰스 케터링은 보유한 특허만 무려 300개가 넘는 대단한 사업가였다. 그는 미국 자동차 산업을 일으킨 제네럴 모터스에서 역대 최고로 꼽히는 엔지니어이기도 했다.

그는 80세가 넘어서도 새로운 연구를 계속했다고 한다. 자녀들이 "아버지 나이도 있으신데 이제 좀 쉬시는 것이 어떠세요?"라고 말하자 그는 이렇게 대답했다. "나이와 상관없이 사람은 미래를 보고 살아야 한다. 자기 나이에 맞게 생각하는 사람은 볼품없이 늙어가지."

실제로 그는 죽기 전까지 미래를 보며 살아갔다. 미래를 본다는 말은 자신이 원하는 것을 얻는 미래를 꿈꿨다는 얘기다. 원하는 생각을 하며 살아간 셈이다.

불필요한 것을 버려낸다

사람들은 대부분 자신의 뇌를 의지대로 컨트롤하고 있다고 생각하지만 그렇지 않은 경우가 대부분이다. 우리의 뇌는 우리가 자주 생각하는 순서대로 일을 처리할 뿐이다.

나는 당신에게 부자의 뇌를 만들기 위한 훈련 방법으로 하루에 1시간씩 원하는 생각을 할 것을 제안했지만, 그것만으로는 불충분한 것이 사실이다. 1시간 동안 원하는 생각을 하는 이유는 결국 24시간 동안 우리의 무의식에 원하는 생각이 존재하게 만들기 위함이다. 1시간 동안 원하는 생각을 했다 하더라도 나머지 23시간 동안 그것을 완전히 잊고 부정적 생각에 매몰되어있다면, 결코 부자의 뇌는 만들어지지 않는다.

그렇기에 부자의 뇌를 갖추고자 한다면 '성과 중심 사고방식'을 갖출 필요가 있다. 성과 중심 사고방식이란 언제 어디서든 내가 원하는 것을 어떻게 이룰지만 생각하는 삶의 태도다. 무엇을 보고 듣든지 성과와 연결 지어 생각한다. 반대로 성과를 내는 데에 불필요한 고민은 과감히 버린다.

세상에는 우리의 머릿속을 지배하려는 요소들이 가득하다. 예를 들어 '저 사람은 왜 저런 말을 하지?', '왜 나를 싫어하지?' 등과 같은 고민이 있다. 그러나 이런 고민들은 아무리 답을 찾아도 성과와는 아무런 상관이 없다. 그냥 의미 없이 뇌를 쓰는 것이다. 이런 요소들에 영향을 받지 않으려면 성과 중심 사고방식을 지녀야 한다.

성과 중심 사고방식은 머릿속에 떠오르는 질문을 성과와 연결시키는 데서부터 시작한다. '나에게 이런 일이 일어났네? 그래서 내가 어떻게 1,000억 원을 벌었지?', '갑자기 이런 생각이 드네? 그래서 내가 어떻게 1,000억 원을 벌었지?'와 같은 식으로 머릿속에 어떤 생각이 일든지 그것을 이용해 어떻게 성과를 낼지를 생각해본다.

항시 당신 주변에서 벌어지는 사건이나 머릿속에 떠오르는 생각이, 성과를 내는 데 도움이 되는지 안 되는지를 감지하는 센서를 켜둬야 한다. 그리하여 도움이 안 된다는 판단이 서면 설령 다소간의 금전적, 감정적 손해를 입게 될지라도 과감하게 잊어버리는 연습을 해야 한다.

찰스 케터링이 보여준 삶의 태도 또한 일종의 '성과 중심 사고방식'이라 할 수 있다. 그는 젊어서부터 자신의 머릿속에서 불필요한 것들은 비우고 원하는 것에만 집중하며 살아왔다. 그로 인해 엄청난 성과를 내는 경험을 해오다보니, 그러한 삶의 태도가 뇌에 굳어졌다고 볼 수 있다.

중요한 점은 불필요한 생각을 버려내는 것이다. 우리가 머릿속에서 불필요한 생각을 버려내는 만큼 원하는 생각이 머릿속을 가득 채우게 되리라 기대할 수 있다. 그만큼 성과를 만들어내는 뇌의 역량도 강화된다.

이 책을 읽은 독자들 중에는 나의 말대로 매일 한 시간씩 원하는 생각을 하면서, 일상을 살아갈 때에도 성과를 내는 데에만 집중하는 사람들이 있을 것이다. 그런 반면 매일 1시간씩 원하는 생각을 하지만, 일상을 살아갈 때에는 여전히 불필요한 고민들에 빠져있는 사람들이 있을 것이다.

혹은 일상을 살아갈 때에도 대체로 성과를 내는 데에 집중하긴 하지만 어쩌다 주변 인간관계에 트러블이 생기면, 정치적으로 화제인 뉴스가 터지면, 요즘 들어 내 외모가 무너졌다는 생각이 들면 갑작스레 거기에만 온 신경을 집중하는 사람들이 있을 것이다.

세 가지 유형의 사람들이 보일 뇌의 역량은 확연하게 차이 날 수밖에 없다. 삶의 많은 영역에서 당신이 성과를 내는 데 불필요한 것들을 덜어내버릇해야 한다. 그럴수록 당신의 성공은 빠르게 앞당겨진다.

마윈의 성과 중심 사고방식

1999년 2월 알리바바 창업 설명회에서 마윈이 연설을 시작했다. 그는 투자자들 앞에서 "우리의 경쟁자들은 국내 웹사이트가 아니라 해외 웹사이트다. 우리의 경쟁자들은 중국이 아니라 실리콘밸리에 있다. 앞으로 3년에서 5년간은 힘들겠지만 그 시기를 이겨낸다면 우리는 우리가 성공할 수 있는 유일한 길을 찾게 될 것이다. 나의 목표는 알리바바를 2002년까지 미국 증권시장에 상장시키는 것이다"라며 포부를 밝혔다.

그는 사업을 시작하기도 전부터 앞으로 다가올 미래에 중국이 전 세계 유통시장을 장악하게 될 것임을 알고 있었던 것이다.

지금은 세계적인 사업가가 되었지만 사실 젊었을 적 마윈은 볼품없는 청년이었다. 공부도 못했고 얼굴도 못생겨 취업도 어려웠다. 중국 경찰도 지원했다가 떨어졌다. 심지어 동네에 새로 생긴 KFC에서 면접을 봤는데 24명의 면접자 중 23명이 합격하고 자신만 떨어졌다고 한다.

그럼에도 불구하고 그는 인생을 살면서 단 한번도 주눅 든 적이 없었다고 한다. 남들이 자신을 어떻게 생각하든, 어떤 부당한 대우를 하든, 그걸 아무리 곱씹어본들 자신이 성공하는 데에 하등 도움이 안 된다 판단했기 때문이다.

사실 그는 중학생 때부터 매일 아침 다섯 시에 외국 관광객이 많은 호텔 앞으로 가, 억지로라도 무료 여행 가이드를 해주며 영어를 익혔다고 한다. 이때부터 그는 거절을 끊임없이 당했다보니 거절에 담담해져있었다.

그러니 그는 어떤 일이 생기면 스스로에게 다음과 같은 질문을 한다고 한다. '이것이 사실인가?', '이 안에 기회가 있는가?', '변화를 위해 내가 할 수 있는 일은 무엇인가?' 마윈의 뇌는 어떤 부정적인 일이 일어나도 그 일을 곱씹기보단 그 안에서 기회가 어디에 있는지 찾고 그 기회를 살릴 수 있도록 훈련된 것이다.

관광객들에게 가이드를 해주며 영어를 잘하게 된 그는 우연히 미국으로 갈 기회를 얻었다. 그는 그곳에서 홈페이지를 통해 물류 유통망이 갖춰진 것을 보았고 그 비즈니스를 중국에 이식할 수 있겠다고 판단했다. 곧이어 자신의 회사가 전 세계 물류 시장을 지배할 수 있겠다는 상상을 펼쳤다. 그렇게 그의 열망에 불이 지펴졌다. 이후 그가 세운 알리바바의 시가총액은 2020년 최대 1,100조 원을 넘어서기도 했다.

서로 돕고 살면 성공한다?

성과 중심 사고방식을 통해 해소해야 할 부정적 생각 중에는 이타심, 헌신, 무소유와 같은 선의도 포함되어있다. 당신이 일신의 성공을 바라면서도 한편으론 이러한 선의를 지나치게 추구하고 있다면 그것은 이율배반적 태도라는 점을 지적하지 않을 수 없다.

물론 최소한의 선의는 인간이라면 누구나 갖추고 살아야 할 것이다. 문제는 자신이 성공할 기회를 놓칠 정도로 선의를 추구하는 것이다. 그러면서 '서로 돕고 살면 언젠가 성공한다' 와 같이 비논리적인 말로 스스로를 합리화하는 것이다.

진정 남을 도우며 살고 싶다면 희생보다는 성과를 생각하라. 사회에 헌신하고 봉사하는 것만이 선한 일이라고 생각하면 큰 오산이다. 성공한 사업가 한 명을 통해 1만 명 이상이 일자리를 가지게 될 수 있다. 또 수천만의 사람들이 그 기업의 제품을 통해 삶이 윤택해진다.

착한 사람이 성공할 수 있는 것이 아니라 성공한 사람이 착한 사람이 될 수 있는 것이다. 자신이 어떤 삶을 살고 싶은지는 생각하지 않고 그저 남 보기 좋게 혹은 착하게 살려고만 하는 것은 비효율적인 일이다.

6-4

결과를 정해놓고 방법을 찾는 TOTE모델

대부분의 사람들은 자신의 목표조차 정하지 않은 채로 그냥 열심히 산다. 막연히 그날그날의 할 일을 잘하다보면 언젠가는 인생이 나아질 것이라 여기기 때문이다. 그러나 우리의 뇌는 명확한 목표를 갖고 있을 때 일하기 시작한다.

돈 버는 방법을 찾고자 할 때도 '돈 버는 방법을 찾아봐야지'라고 생각하면 안 된다. 돈을 얼마만큼 벌 것인지 명확한 목표_{결과}가 정해져있어야 보다 효율적인 사고회로로 돈 버는 방법을 찾아낼 수 있다.

이는 마치 정답을 알고 수학 문제를 푸는 것과 같다. 정답을 모르고 수학 문제를 풀면 방향을 잡지 못한 채 무조건 다양한 풀이법을 대입해봐야 할 것이다. 하지만 정답이 무엇인지 알고 있다면 정답과 멀어지는 풀이법은 선제적으로 제외해가며 문제를 풀 수 있다.

　나는 지금도 '나는 1,000억 원을 벌었다'라는 생각을 하는 데 매일 1시간 이상씩 투자한다. 생각하다보면 돈을 벌 수 있는 다양한 아이디어들이 떠오르는데, '1,000억 원을 번다'라는 결과를 상정한 관점에서 그것들의 실효성을 검토해보고 조금씩 보완해나간다. 그러다보면 1,000억 원을 버는 데 한층 더 가까워진다. 이러한 형식의 사고를 'TOTE모델'이라고 한다.

결과에 맞춰 테스트와 조정을 반복한다

TOTE모델은 결과를 설정하고 거기에 다가가는 방법을 찾는 생각의 기술이다. 결과에 다다르기 위해 무엇을 해야 하는지 떠올려보고 끊임없이 테스트와 조정을 하며 그 방법을 점차 구체화시켜나간다.

　아래는 TOTE모델의 4단계이다.

① T : Test테스트

② O : Operate조정

③ T : Test테스트

④ E : Exit결과

우리가 제일 먼저 할 일은 ④ 결과Exit를 정하는 것이다. '나는 1,000억 원을 벌었다'를 설정할 수 있다. 이후 1,000억 원을 벌기 위한 방법을 떠올리고 그것이 실제로 통할지 상상하며 ① 테스트Test해본다. 그 방법에 실효성이 없다고 판단되면 방법을 보완하는 ② 조정Operate을 한 뒤 다시 ③ 테스트Test해본다. 결과에 도달할 때까지 조정과 테스트를 반복한다.

집에 틀어박혀 '나는 1,000억 원을 벌었다'라는 생각을 반복하고 있을 무렵, 나는 TOTE모델을 통해 돈 벌 방법을 찾아보기로 했다. 결과는 당연히 '1,000억 원을 버는 것'으로 설정했고 방법은 '1,000억 원을 벌려면 1억 원짜리 상품을 1,000명에게 판매하면 된다'라는 아주 단순한 아이디어에서부터 시작했다.

이후 테스트와 조정 과정을 거치며 방법을 구체화시켜나갔다. 처음 떠올린 아이디어의 실효성을 테스트해보니 '내가 1억 원짜리 상품을 만들 수 있을까?'라는 생각이 들었다. 그래서 '1만 원짜리 상품을 1,000만 명에게 팔면 된다'라는 아이디어로 조정하게 되었다.

그러나 그 방법의 실효성을 다시 따져보니, '예비고객 1,000만 명이 확보된 시장이 있을까? 내가 그 시장에 접근할 수 있을까?'라는 생각이 들었다. 그렇게 '1,000만 명의 고객을 찾기보단, 소수의 고객에게 여러 번 팔 수 있는 1만 원짜리 상품을 만들어내자'로 아이디어가 조정되었다.

'고객에게 매달 10만 원가량의 가치를 줄 수 있는 콘텐츠 플랫폼을 만들어, 수십만 명의 고객이 매달 1만 원씩 총 1,000만 번 결제를 하게 만들자.'

테스트와 조정을 반복한 결과 내가 할 비즈니스의 형태에 대해 대략적인 방향을 잡았다.

이후 '어떤 콘텐츠 플랫폼을 만들 것인가?'에 대한 구상을 시작했다. 다양한 아이디어를 떠올리고 시뮬레이션을 돌려보았다. '어떤 가치를 전달할 것인가?', '홈페이지는 어떻게 만들어야 하는가?', '어떤 기능이 필요한가?'에 관해 Test ➡ Operate ➡ Test ➡ Operate를 수없이 반복했다. 그 결과 '인리치 아카데미'가 탄생했다. 내가 해온 모든 강의를 홈페이지에 올려두고 월 9,900원에 볼 수 있게 했다.

마케팅을 어떻게 해야 할지에 대해서도 TOTE모델을 굴렸다. '영상을 본 사람이 다른 사람을 데려올 수 있게 만들자!' 소개받은 사람이 9,900원을 결제할 때마다 데려온 사람에게 현금처럼 쓸 수 있는 5,000포인트씩을 주기로 했다.

그리고 시작 12개월 만인 2024년 6월 인리치 아카데미의 회원은 5,300명, 유료 구독자는 1,000명에 이른다. 나는 최종적으로 이 플랫폼을 세계에 전파해 1억 명이 사용하게 할 것이다. 그럼 월 매출이 9,900억 원이 된다. 생각만 해도 가슴 벅차다. 누군가는 허황되다 할 것이고, 누군가는 나와 함께 반드시 성공하는 길을 걸어갈 것이다.

현재 하고 있는 일을 배제하지 마라

주의해야 할 점은 '지금 내가 하는 이 일을 통해서는 결코 성공할 수 없어'와 같은 편견 또한 버려야 한다는 것이다. 이러한 편견은 '나는 이 일을 통해서만 성공할 거야'라고 고집부리는 것과 다를 바가 하나도 없다. 동일한 제한신념이다.

당신은 당신이 하고 있는 일에서 나름대로 전문가일 것이다. 그러한 당신의 눈에도 성공할 길이 안 보이니 '이 일로는 성공할 수 없다'라는 판단을 내리기 쉽다.

그러나 성공의 가장 큰 특징은, 누구도 예상치 못한 방식으로 이뤄진다는 점이다. 현재 당신의 눈에 성공할 방법이 안 보인다 하여 성공할 방법이 없는 것이 아니다.

내가 그랬다. 12년간 해온 강의를 통해서는 지금껏 해온 이상의 돈을 벌 수 없을 거라 확신했다. 그래서 앞으로는 강의를 하지 않겠다고 선언했고 다른 길을 찾아 방황도 했다.

그러나 그때의 확신을 비웃기라도 하듯, 나는 또다시 강의를 통해 보란 듯이 일어섰다.

당신이 '이 분야에서는 성공할 수 없어'라고 생각하고 그 분야를 떠나면, 당신의 뇌는 그 분야에서 실패하는 데 집중하게 된다. 곧 당신은 홀린 듯 그 분야로 다시 돌아가 실패를 맛본다.

물론 나의 뇌가 강의와 관련 없는 다른 분야에서 성공할 방법을 찾게 될 수도 있었을 일이다. 그러나 그 방법을 찾는 것 또한 뇌이지 내가 아니다. 우리가 하지 말아야 하는 것은 뇌가 방법을 찾기 전에 어떤 형태로든 답을 미리 재단해놓는 것이다.

만약 당신이 현재 장사를 하고 있는데 매출을 늘리고 싶다면, 일단 '지금보다 10배를 더 벌었다'라고 결과를 설정하자. 그리고 그 결과에 다가갈 수 있는 방법을 생각해보자. 처음에는 아주 막연하고 비현실적인 아이디어여도 좋다. 실효성 있는 방법으로 거듭날 때까지 테스트와 조정을 반복하면 된다.

그러면 문을 닫아야 할지 말지를 고민하고 있던 그 장사를 통해서도 10배를 더 벌 수 있는 방법이 있었다는 것을 알게 될 것이다. 혹은 장사를 접고 다른 일을 하며 돈을 벌게 될 수도 있다.

TOTE모델로 비행기를 만들다

자전거 수리를 하며 근근이 살아가던 라이트 형제는 어느 날 한 신문기사를 접하게 된다. '박쥐 날개 모양의 글라이더로 2,000번 이상 비행에 성공했던 독일의 과학자가 돌풍으로 추락해 사망하다.' 많은 이들이 이 소식에 안타까워했다. 그리고 역시 사람이 나는 건 불가능하다고 생각했다.

하지만 라이트 형제는 이 기사를 본 뒤, 어린 시절 하늘에 날리던 비행기 장난감을 떠올리며 비행기를 만들고 싶다는 꿈을 키웠다. 그들에게 사람이 비행기를 타고 하늘을 나는 것은 이미 예정된 '결과'나 다름없었다. 그들은 낮에는 자전거를 만들고 저녁에는 수학, 물리학, 항공학을 공부하며 비행기를 만들기 위한 방법을 찾았다.

그들은 비행 중 균형을 잡을 수 있는 방법을 고안해야 했는데, 다름 아닌 자전거에서 그 답을 찾아냈다. 자전거가 왼쪽으로 기울 때는 몸을 오른쪽으로 기울이듯, 비행기도 무게중심을 움직여 균형이 맞춰지게 한 것이다.

그들은 아이디어를 반영한 비행기 시안을 만들어 테스트를 진행했고 문제점이 발견되면 그 부분을 조정한 뒤 다시 만들어 테스트를 진행했다. 안정적으로 균형이 유지될 때까지 그들은 하루에도 20번 이상 테스트를 진행했는데, 3개월 동안 진행된 테스트 수는 1,000여 번에 육박했다.

그렇게 만들어진 첫 비행기의 이름은 '플라이어호'였다. 라이트 형제는 사람들을 모아 언덕에서 플라이어호를 날렸다. 비록 짧은 비행이었지만 그것은 인류 최초의 유인 동력 비행이었다.

어떻게 일개 자전거 수리공들이 이런 엄청난 일을 해낼 수 있었던 것일까? 그들은 인간이 하늘을 날 수 있다는 결과를 너무나도 당연하게 믿었다. 그리고 매일 그에 대한 아이디어를 떠올리고 결과물을 조정하길 반복했다. 그랬기에 가능했던 일이다.

TOTE모델이 정확히 무엇인지 모르고 성공한 사람은 있을 수 있다. 그러나 TOTE모델을 사용하지 않고 성공한 사람은 있을 수 없다. 성공한 사람들은 모두 목표에 미쳐있고 목표를 이룰 수 있는 방법을 찾기 위해 시뮬레이션을 계속한 사람들이다. 라이트 형제는 스스로는 인지하지 못했더라도 TOTE모델을 활용한 셈이다.

6-5

뇌가 유능해지는 4단계

부자의 뇌를 만든다는 말은 나를 성공시킬 수 있을 정도로 '유능한 뇌'를 만든다는 말과 같다. 부자의 뇌를 만드는 훈련을 계속하면 당신의 뇌는 점차 유능해질 것이다. 최종적으로는 무의식적으로 유능함을 발휘하는 수준에 이르게 된다.

배드민턴 선수들은 최대 시속 330km에 이르는 서틀콕을 쳐낸다. 그들의 배드민턴 능력이 무의식의 경지까지 나아갔기 때문이다.

뇌의 능력 또한 처음에는 의식적으로 노력해야 유능함이 발휘되다가 점차 무의식적으로 유능함이 발휘되는 경지에 오른다. 이렇게 되면 밥을 먹다가도, 잠을 자다가도 성공할 수 있는 기회들이 보이기 시작한다.

무의식적 무능에서 무의식적 유능으로

당신이 아직 부자의 뇌를 만들지 못했다면 당신의 뇌는 '무능한 뇌'라는 점을 인지해야 한다. 부자의 뇌를 만들기 위해서는 현재 자신의 뇌가 무능한 상태에 있다는 것을 인정하는 것도 매우 중요하다.

이러한 기준에 따라 뇌가 유능해지는 단계를 구분하면 다음과 같다. 읽어보면서 나는 현재 어느 단계에 있는지 생각해보자.

- 1단계 무의식적 무능 : 자신의 뇌가 얼마나 대단한지 모르고, 뇌를 어떻게 사용해야 하는지도 모르는 상태다. 이들 중 대부분은 자신이 무엇을 원하는지도 모르는 채로 살아간다.

- 2단계 의식적 무능 : 자신의 뇌가 현재는 무능한 상태지만, 사실은 무한한 능력이 있다는 점을 인지한 상태다. 각종 뇌 활용 기법을 통해 뇌를 개발해보고자 한다. 자신이 평소 하던 부정적 생각이 성공에 도움이 되지 않는다는 사실도 깨달았다. 그 어떠한 노력보다 원하는 생각에 집중하는 노력이 필요하다는 것도 알게 되었다. 그러나 이러한 사실을 알면서도 하루 1시간 이상 시간을 내

어 원하는 생각을 하기가 쉽지 않다. 자신의 문제를 알지만 실천이 어려운 상태다.

- 3단계 의식적 유능 : 원하는 생각으로 뇌를 충분히 단련시킨 상태. 매일 특정 시간에 알람을 맞추고 그 시간이 되면 무슨 일이 있어도 원하는 생각을 하는 시간을 갖는다. 이 시간 속에서 자신이 가진 문제를 해결할 답을 찾는다.

- 4단계 무의식적 유능 : 따로 시간을 내서 생각을 하지는 않지만 틈만 나면 원하는 생각을 하는 상태다. 머릿속에 계속 원하는 생각이 머물러있기 때문이다. 일상과 생각하는 시간의 구분 없이 뇌의 유능함이 발휘되어 삶의 곳곳에서 성공할 수 있는 아이디어들이 보인다.

뇌가 유능해지려면 먼저 자신이 어떤 생각을 하는지부터 인식해야 한다. 머릿속 생각을 글로 적어보자. 이를 통해 자신이 그동안 얼마나 부정적인 생각, 가난한 생각을 하고 있었는지 인식하라. 그리고 자신이 원하는 것을 집중적으로 생각하라. 당신이 해야 할 일은 그것뿐이다. 마침내 4단계에 이르면 원하는 것에 미쳐있는 성공한 삶을 살 수밖에 없는 뇌! 즉 부자의 뇌가 만들어진 것이라 볼 수 있다.

그 누구도 처음부터 4단계일 수는 없다. 4단계는 자연적으로 원하는 생각에 몰입한 사람이 도달할 수 있는 단계가 아닌, 의식적이고 구체적으로 원하는 생각을 반복하여 습관화시킨 사람만이 도달할 수 있는 단계이기 때문이다. 역사 속의 저명한 성공자들도 4단계까지 나아간 사람은 극소수였다.

그러니 이 책을 통해 훈련법을 전수받은 당신이 얼마나 유리한지 생각해보라. 전 세계 99.9%의 사람들보다 훨씬 더 앞서 있다. 이보다 더 세상이 쉬워 보일 순 없다.

과거 자기계발 강사로 활동할 때도 나는 '생각의 힘'에 대한 강연을 자주 했다. 그러나 그때에는 내가 직접 강의를 하면서도 나 자신은 이미 생각의 힘에 통달해있다고 생각해, 혼자 생각하는 시간을 따로 떼어두지 않았다.

그러다 망하고 나니까 정신이 번쩍 들었고 매일 같이 원하는 생각을 반복했다. 지금은 자다가도 '나는 1,000억 원을 벌었다'라고 말하고 자고 일어나서도 자동으로 '나는 1,000억 원을 벌었다'라는 생각이 든다. 4단계인 무의식적 유능 상태에 이르게 된 것이다.

지금 나에게서는 계속해서 돈을 벌 아이디어가 샘솟는다. 누구와 같이 있기라도 하면 그 사람과 같이 돈을 벌 수 있는 사업 아이디어가 나온다. 이는 우연이 아니다. 나에게 생각 코칭을 받은 수많은 사람들이 계속해서 삶에 돈이 들어온다는 후기를 보내준다.

다른 성공법과 질적으로 다르다

가수 싸이가 「강남스타일」로 세계 최고의 스타 반열에 올랐을 때 엄청나게 많은 자기계발 강사들이 싸이의 성공비결을 꼽으며 사람들에게 누구나 성공할 수 있다는 메시지를 전파했다. 저명한 박사와 강사들이 비슷한 내용의 강연을 하는 걸 수차례 들었다.

그런데 왜 본인들은 항상 그 자리 그대로인 걸까? 그들 중 그 누구도 싸이처럼 성공하지 못했다. 아니 싸이처럼 월드스타가 되진 않더라도 일반적인 기준에서 봤을 때의 성공조차 하지 못했다. 왜 그럴까?

뿐만 아니라 요즘 유튜브 영상들을 보면 돈 버는 방법이 세상천지에 널려있다. 그러나 정작 유튜버 자신이 그 방법으로 돈을 버는 경우는 손에 꼽힌다. 대부분은 돈을 벌 수 있는 방법이라며 영상 조회수를 늘리려는 사람들인 것이다.

어떤 이는 'AI로 월 천만 원 벌기'라는 영상을 올려서 많은 사람들의 관심을 끌었다. 그런데 정작 그 사람은 AI로 돈을 벌어본 적도 없었던 걸로 밝혀졌다. 아이러니하지 않은가? 이게 자기계발의 폐해다. 스스로는 하고 있지 않으면서 다들 말만 전하며 돈을 벌고 있다. 실제로 해보면 안 되기 때문이다.

이제 당신도 이 판의 실체를 알았다면 모든 것을 내려놓고 생각에 집중하길 바란다. 우리가 성공할 수 있는, 그리고 100% 자유로워질 수 있는 유일한 방법은 생각 말고는 없다. 장담컨대 이것은 지금까지 당신이 경험해본 그 어떤 성공법이나 자기계발과 질적으로 전혀 다르다.

생각을 바꾼다는 것은 기존에 튼튼하게 건설되어있는 큰 댐을 무너뜨리는 것과 같다. 이 댐은 당신이 지금까지 부정적 생각에 빠져있던 시간만큼 튼튼하다. 그러나 원하는 생각을 계속해서 댐에 아주 작은 구멍 하나만 뚫어놓으면 마침내 댐이 무너지며 어마어마한 변화가 일어나게 된다. 가난과 무능으로 점철되어있던 당신의 사고방식과 정체성이 일거에 쓸려가버릴 것이다. 마침내 댐이 무너지면 당신은 무한한 자유로움과 능력을 체험하게 된다.

마음을 다스리는 NLP 기술

7장

말로 감정을 변화시키는
리프레이밍

부정적 감정은 일종의 센서다. 감정이 불편하다는 것은 지금 내 머릿속이 원하지 않는 생각, 가난한 생각으로 가득하다는 경보다.

반대로 기분이 좋다는 것은 내 머릿속이 원하는 생각으로 가득하다는 신호다. 그렇기에 부정적 감정이 감지되었을 땐 의도적으로 원하는 생각을 하여 감정을 환기시켜야 한다.

'리프레이밍'이란 현재 자신의 감정을 알아차리고 감정 자체를 변화시키고 그러한 감정을 만들어내는 무의식을 변화시키는 NLP 기법이다. 리프레이밍의 과정은 총 3단계로 진행된다.

리프레이밍 1단계 - 알아차림

우리에게 부정적 감정이 생겼다는 것은 뇌가 판단하기에 어딘가 불편한 상황이 생겼다는 것이다. 그런데 우리는 외부의 불편한 상황을 해결하려 애쓰느라 내면에 피어난 부정적 감정을 다루는 데에는 집중하지 못하는 경우가 많다.

불편한 상황에 맞닥뜨렸다면 잠시 멈추어서 현재 나의 감정 상태를 살펴보자. 아마도 부정적 감정을 느끼고 있을 것이다.

그렇다면 현재 느끼고 있는 부정적 감정에 이름표를 붙여보자. 화, 짜증, 모멸감, 역겨움, 두려움, 어이없음 등 그 감정에 태그를 붙이는 것이다. 태그를 붙이고 감정의 이름을 실제로 불러보는 것도 좋다.

감정에 이름을 붙이는 순간, 불편한 상황에서 한발 물러나 나의 내면을 바라볼 수 있게 된다. 나의 상태를 객관적으로 인식하게 되는 것이다. 또한 '아, 내가 이런 말을 들으면 화가 나는구나!' 하고 부정적 감정과 그것을 발생시킨 불편한 상황 사이의 인과관계를 정립할 수 있다.

리프레이밍 2단계 - 마법의 언어

부정적 감정의 존재를 알아차렸다면 이제 긍정적 감정으로 대체시킬 때다. 2단계는 다음과 같은 일련의 사고를 진행하면 된다.

① 부정적 감정 인지 ➡ ② "나 능력 있네!" ➡ ③ "얼마나 더 잘되려고 그러나?" ➡ ④ 원하는 생각

나의 경우로 실례를 들면 다음과 같다.

① "아, 나 지금 짜증난 거 알아차렸어!" ➡ ② "나 능력 있네!" ➡ ③ "얼마나 더 잘되려고 그러나?" ➡ ④ "나는 1,000억 원을 벌었다!"

이런 식으로 생각하면 부정적 감정에서 벗어나 긍정적 감정이 일어난다. 시시때때로 훈련을 반복하면 어떤 불편한 상황이 닥쳐도 자신의 감정을 관리하고 자신의 본래 능력을 발휘할 수 있게 된다.

리프레이밍 3단계 - 무의식 변화시키기

3단계는 1, 2단계를 보다 잘하기 위해 평소 실천해둬야 하는

훈련 과정이라 할 수 있다. 내가 원하는 것을 매일 입 밖으로 소리 내어 말하는 것이다. 나는 한때 하루 종일, 한시도 쉬지 않고 '나는 1,000억 원을 벌었다'라고 읊조린 적이 있다. 지금도 틈만 나면 이 말을 한다.

자나 깨나, 기분이 좋으나 나쁘나, 일이 잘되나 안 되나 이러한 말이 입에 배도록 만들어야 한다. 그렇게 되면 부정적 감정이 생겨도 그 감정이 목표 달성에 방해가 된다는 점을 더 빨리 알아차릴 수 있게 된다.

리프레이밍 3단계를 당신의 삶에 적용해보라. 이것이 익숙해지면 모든 순간, 모든 환경이 당신을 성공시키기 위해 준비되어있었다는 사실에 통감할 것이다.

감정은 의지로 꺾으려한다고 꺾어지는 대상이 아니다. 리프레이밍은 '말의 힘'을 통해 부정적 감정을 인지하여 이를 수정하고, 원하는 감정을 만들어내는 무의식 변화 기법이다.

말은 무언가를 바꿀 수 있는 힘을 지니고 있다. 나의 감정을 바꿀 뿐 아니라 나의 운명까지 바꿀 수 있는 힘이다. 이러한 말의 힘을 가장 강력하게 작용시키는 방법은 내가 성공할 때의 모습을 떠올리고 그에 해당하는 말을 만들어 매일 의식적으로 읊조리는 것이다. 당신이 진짜로 돈을 많이 벌고 싶다면 '나는 1,000억 원을 벌었다'라고 소리 내어 말해보자.

1,000억 원이 너무 크다고 생각하는가? 하지만 정말로 당신이 '부자의 뇌'를 만들어 경제적 자유를 누리며 살아보고 싶다면 이 정도로 큰 금액을 설정해야 한다. 그렇게 할 때 '말의 힘'이 당신의 '삶의 프레임'을 바꿔낼 것이다.

7-2

부정적 상황에서
벗어나는 스위시

인생을 살아가다보면 인간관계에서의 갈등, 비즈니스 실패, 교통체증 등 수시로 부정적 상황을 겪게 된다. 이런 상황에 처했을 때 깊게 고민하면 고민할수록 우리의 정신에는 안 좋은 영향을 미치게 된다. 그렇기에 우리는 그 상황에서 가능한 한 빠르게 벗어날 필요가 있다.

휙 소리를 내는 동시에 생각을 바꾼다

스위시Swish는 무언가가 주변을 휙 하고 지나가는 소리의 의성어로, 순식간에 나의 머릿속 생각을 변화시키는 기적의 NLP 기법이다.

스위시를 활용하기 위해서는 우선 시각적으로 원하는 이미지가 필요하다. 그리고 물건을 두드리거나 손가락을 튕기는 소리를 들을 때마다 원하는 이미지를 떠올리도록 자신을 훈련시켜야 한다. 그런 뒤 일상에서 부정적 생각이 들 때 훈련대로 실시하는 것이다. 휙 하는 소리스위시와 함께 원하는 이미지를 떠올려 머릿속의 부정적 이미지를 일소시켜라.

이를 3단계로 구분하면 다음과 같다.

- 1단계 : 생각만 해도 기분 좋은 이미지를 준비한다.
- 2단계 : 평소 그 이미지를 생각하며 다양한 형태로 확장해둔다.
- 3단계 : 마음이 불편하거나 스트레스를 받는 환경일 때 휙 하는 소리와 함께 마음속에 원하는 이미지를 띄운다.

나는 스스로의 감정을 컨트롤할 때 스위시를 가장 많이 사용했다. '나는 1,000억 원을 벌었다'라고 선언하고 다닐 때도 부정적 생각은 시도 때도 없이 나를 공격했다. 길을 걸을 때, 대중교통을 이용할 때, 운전할 때, 여행을 할 때 나를 불편하게 하는 것들에 눈과 귀가 자극됐다. 그때마다 나는 그러한 생각에 매몰되기 전에 손가락을 튕기며 내가 원하는 이미지를 떠올렸다. 그러면 다시금 입꼬리가 올라갔다.

스위시를 사용하다보면 처음에는 세상에 내가 원하는 생각을 하는 걸 방해하고 있는 것들이 참 많다는 걸 깨닫게 된다. 그러나 이때마다 스위시를 하여 원하는 이미지를 떠올리다보면 온 세상이 내가 원하는 생각만 할 수 있게 도와주고 있다는 것을 깨닫게 된다.

부정적 인간관계에서 벗어나라

우리가 삶에서 공통적으로 스트레스를 받는 부분을 꼽으라면 바로 '인간관계'일 것이다. 인간관계에서 발생한 문제로 인해 부정적 생각에 매몰될 때가 매우 많다. 하지만 이러한 불편한 지점에도 불구하고 사람들은 계속해서 다른 사람을 만나길 원한다. 만나기 싫어도 만나고 의미가 없어도 만난다.

왜일까? 만나는 동안만큼은 부정적 생각에서 벗어날 수 있기 때문이다. 설령 그들과 헤어진 뒤에 곧바로 다시금 부정적 생각에 매몰될지라도, 그들과의 관계에서 발생한 스트레스로 인해 더 큰 부정적 생각이 몰아닥칠지라도 잠깐 동안의 해방을 위해 누군가를 만난다. 가슴 아프지만 맞는 말이다.

그러나 인간관계를 잘해야 성공을 하거나, 외로움이 없어지는 것이 아니라는 것을 알아차려야 한다. 스위시의 가장 큰 이점은 이러한 불필요한 인간관계 문제에서 벗어날 수 있게 만들어준다는 것이다.

　나는 어려서부터 사람들을 너무 좋아했다. 동네의 번화가에 놀러나가면 골목마다 친구들과 선후배들이 있었다. 매일 술을 마시다가 아는 사람을 만나면 그쪽으로 가서 2차, 또 다른 친구들을 만나 3, 4차를 달렸다. 그렇게 필름이 끊어지도록 술을 마시고 집에서 아침을 맞이하거나 길에서 아침을 맞이했다.

　내가 이와 같은 불필요한 인간관계에서 벗어나기 시작한 것은 스위시를 사용하면서부터였다. 머릿속을 성공으로 가득 채우기 시작하니, 친구들 혹은 이전에 알던 사람들과 대화를 하는 것이 너무 힘들게 느껴졌다. 그들은 자신이 무슨 말을 하고 있는지, 무슨 생각을 하고 있는지조차 모른 채 그냥 말을 하기 위해 말을 하고 있었다.

　조금 더 지나니 나는 이제 더 이상 누군가를 만나지 않아도 외롭지 않게 되었다. 나의 내면에 부정적 생각이 차오르면 스위시를 통해 생각을 전환시키면 그만일 뿐이다. 그때부터 나는 점차 스위시를 사랑하게 되었다.

긍정적 의도
탐색

세상 모든 일에는 '긍정적 의도'가 존재한다. 어떤 사람의 건강이 급격히 악화되었다고 가정해보자. 그 상황 자체는 부정적이지만, 몸을 너무 고생시켰으니 쉬라는 몸의 신호라고 볼 수 있다. 장기적인 건강을 생각한다면 이는 긍정적인 일이다.

긍정적 의도 탐색의 필요성

운전 중 앞 차량이 급하게 차선을 변경하는 바람에 급브레이크를 밟았다. 자칫 사고로 이어질 뻔했던 순간이었다. 당신의 내면에서 욱하는 감정이 솟아오른다. 이런 상황의 긍정적 의도는 무엇일까? 당신이 더 주의하고 운전하게 되어 혹시 이후에 일어날지도 모를 사고를 예방하게 됐다면 어떤가?

　운전 중 느끼는 분노의 대부분은 상대방의 잘못에서 기인한다. 이때 내가 분노를 표출한다고 해서 무엇이 달라질까? 화를 표출하기보다는 운전을 잘해서 차 안에 있는 나와 내 가족을 안전하게 지킨 나의 행동을 칭찬하자.

　"왜 운전을 저렇게 해? 진짜 짜증나네!"
　"와 내 순발력 대단한데? 난 정말 운전을 잘해! 우리
　가족에게 별일 없어서 다행이야!"
　똑같은 상황에서도 당신이 어떤 생각과 말을 하느냐에 따라 옆에 앉은 사람은 당신에 대해 다른 평가를 내릴 수 있다. 매사에 화내고 짜증내는 사람이 될 것인지, 운전을 안전하게 잘하는 사람이 될 것인지는 어떤 말과 행동을 하느냐에 달렸다.

　이와 같이 매사에 긍정적 의도를 파악해 버릇하면 '부자의 뇌'를 만드는 데 도움이 된다. 반대로 나와 상관도 없는 사람들에게 화를 내버릇하면 나의 뇌를 가난한 뇌로 만들게 된다. 뇌는 잘잘못을 따지지 못한다. 뇌는 긍정과 부정을 모른다. 뇌는 단지 내가 집중하고 있는 생각에 적응할 뿐이다.

　따라서 생각을 통해 모든 상황을 긍정적으로 만들자. 모든 일의 긍정적 의도를 탐색하자. 상황이 무엇인지는 중요하지 않다. 내가 어떻게 해석하고, 뇌를 어떻게 프로그래밍하는지가 중요하다.

새옹지마 인생사

사실 어떤 일이 벌어졌을 때, 그것이 긍정적 상황으로 끝날지 부정적 상황으로 끝날지 곧바로 판단하기는 어렵다. 사자성어 새옹지마塞翁之馬와 같이 말이다.

중국의 북방 변경에 '새옹'이라는 노인은 어느 날 키우던 말을 잃어버리게 됐다. 그렇지만 그 말은 곧 암말 한 필과 함께 돌아와 새옹은 말 두 마리를 갖게 됐다.

그런데 하필 새옹의 아들이 돌아온 말을 타고 다니다가 말에서 떨어져 다리가 부러졌다. 하지만 그 덕분에 나라에 전쟁이 터졌을 때 새옹의 아들은 전쟁에 나가지 않아 목숨을 건지게 되었다.

내리막은 오르막이 되고, 오르막은 내리막이 된다. 인생사 어떤 일도 어떻게 될지를 알 수가 없다. 그러니 지금 당신에게 닥친 일이 좋은 일인지 나쁜 일인지 판단하는 게 무슨 의미가 있겠는가?

꼭 타야 하는 기차를 놓쳤는가? 기차를 떠나보낸 그 승강

장에서 당신은 귀인을 만날지 모른다. 오랫동안 준비한 시험에서 떨어졌는가? 당신은 그 일을 계기로 새로운 기회를 맞이할지 모른다.

이건 단순히 부정적 상황을 무시하라는 얘기가 아니다. 모든 순간에 존재하는 기회와 아이디어를 주우라는 얘기다. 긍정적 의도를 찾아라. 그리고 원하는 생각을 하라. 이것은 NLP의 주요 스킬 중 하나이자 성공의 원리다.

7-4

내면을 안정시키는
분아통합

NLP에서 '분아分我'란 '분리된 자아'를 가리킨다. 우리가 다이어트를 할 때 음식을 먹지 말아야 한다고 생각하면서도 먹는 이유는 다이어트를 해야 한다고 생각하는 자아가 있는 한편, 음식을 먹고 싶다 생각하는 자아도 있기 때문이다.

이밖에도 우리 마음속에서는 다양한 사안에 대한 분아가 이뤄지고 있다. 성공하고 싶은 자아도 있고 현실에 안주하고 싶은 자아도 있다. 건강한 몸을 만들고 싶은 자아도 있고 쉬고만 싶은 자아도 있다. 잘해보고 싶은 자아도 있고 다 때려치우고 싶은 자아도 있다.

다투는 두 자아를 협력시킨다

각각의 자아는 자신이 원하는 대로 우리의 삶을 이끌어가기 위해 끊임없이 우리의 마음을 추동한다. 동시에 상대 자아를 비난하며 머릿속을 혼란스럽게 만든다.

당신이 다이어트를 해야겠다고 마음먹었을 때를 생각해 보자. '다이어트를 해야 한다는 자아'가 목소리를 내자마자 '음식을 먹고 싶다 생각하는 자아'가 음식을 먹으라고 주장하기 시작한다. '굶는 것은 힘들다', '다이어트를 하면 사람들이랑 어울리기도 어렵다', '배고파서 잠도 잘 못 잔다' 등 이런 소리가 머릿속에서 계속 울리는 것이다. 그러면 다이어트를 시작도 하기 전부터 배가 고파진다.

이렇게 서로 다른 자아끼리 다투고 있는 상태에서는 원하는 바를 이룩하기가 쉽지 않다. 그러면 이들을 어떻게 다뤄야할까? 지금까지는 원하는 생각을 반복해서 머릿속에서 한 쪽자아를 지배적으로 만드는 방식의 솔루션만을 제시해왔다. 이번에는 그와 달리 양쪽의 자아를 모두 설득하여 서로 힘을합치도록 만드는 방법을 알아볼 것이다.

대립하는 두 자아가 서로의 존재를 인식한 뒤 타협점을 찾게 만드는 것이다. 이러한 과정을 '분아통합'이라 한다.

8년간 앓던 불안장애를 고치다

불안장애로 8년간 약을 먹고 있는 대학생을 만나 상담을 진행한 적이 있다. 나는 그가 무엇 때문에 불안한지, 왜 불안한지를 묻지 않았다. 그저 그 학생이 불안할 때 머릿속에 떠오르는 이미지를 물었다. 그는 불안해질 때면 머릿속에 '대못'이 떠오른다고 했다.

다음으로 그에게 정말 자신감 넘치고 행복하게 산다면 어떤 기분이 들지를 떠올려보라고 했다. 그리고 그때 떠오르는 이미지가 무엇인지를 물었다. 그러나 그는 내 질문에 잘 대답하지 못했다. 그때가 어떤 기분일지를 잘 상상하지 못하는 것이었다.

나는 질문을 조금 더 구체화시켜 그가 원하는 것이 무엇인지를 물어보았다. 그는 조각가가 되고 싶다고 했다. 그러면 본인이 원하는 작품을 성공시키면 기분이 어떨 것 같은지를 물었다. 그제야 그의 얼굴이 조금 밝아졌다. 그때 떠오르는 이미지가 무엇인지 그려보라고 했더니, 그는 '황금으로 만든 조각상'을 그렸다.

나는 그에게 대못과 황금 조각상의 이미지를 머릿속에서 합쳐보라고 말했다. 그의 머릿속에는 두 이미지를 만들어내는 각각의 자아들이 존재하고 있을 터였다. 나의 의도는 두 자아를 분아통합시키기 위해서, 우산 시각적으로 대면시키고자 함이었다.

그런데 학생의 표정이 갑자기 어두워졌다. 나는 그에게 어떤 이미지가 떠올랐는지 물었다.

"황금 조각상이 산산이 부서졌어요."

너무도 낙담한 표정이었다.

그의 표정은 어두워졌지만 이것은 두 자아가 서로의 존재를 인식하는 필수적인 과정이었다. 그의 머릿속에 떠오르는 대못은 아마도 황금 조각상을 부수기 위한 용도였을 것이다. 그가 느끼기엔 불쾌한 상상이었겠지만 그의 무의식은 불안할 때마다 머릿속에 떠오르는 대못이 무엇을 상징하는지를 정확히 인지하게 됐다.

이후 나는 대못과 황금 조각상 사이의 타협점을 찾아 제시했다.

"산산이 부서진 황금 조각상은 가치가 떨어졌을까?"

"아니요."

"너도 그래, 누가 뭐라 해도 너의 가치는 변하지 않아. 조각하고 싶다고 했지?"

"네……."

"부서진 황금 조각들을 네가 원하는 대로 조각해볼래?"

그는 갑자기 눈시울을 붉히더니 '8년 이상 경험하지 못한 자유로움을 느꼈다'라고 말했다. 추후 그에게서 '내게 상담을 받은 이후로는 약을 먹지 않아도 아무렇지 않게 됐다'라는 문자를 받았다.

그의 자신감을 죽이고 그에게 공포심을 느끼게 하던 대못은 사실, 성공하고 싶다고 아우성치던 또 하나의 자아였다. 그런 그에게 '황금 조각상은 부서져도 다시 만들면 된다'라는 타협점을 인지시키자 분리되어있던 자아가 통합된 것이다. 이제 그의 내면에서는 힘든 일이 있어도 '다시 만들면 되지!'라는 내면의 목소리가 울려퍼질 것이다.

사람들이 성공하지 못하는 가장 주된 이유는 '다시 할 수 없다', '빨리 해야 한다', '열심히 해야 한다'와 같은 잘못된 내면언어에 사로잡혀있기 때문이다. 그리고 이러한 내면언어는, 내가 더 잘살길 바라지만 서로 방향이 다른 두 자아의 충돌로 인해 발생한다.

이때 우리는 내면의 두 자아가 각각 어떤 목소리를 내는지 들어보고, 왜 그런 목소리를 내는지 이해해봐야 한다. 그런 뒤 서로를 이해시키고 타협점을 찾는 교통정리를 해야 한다. 앞서 살펴본 분아통합의 과정이다.

7-5

객관적 관조와
주관적 몰입

NLP에서 '객관적 관조'는 지금 겪고 있는 상황에서 나 자신을 분리해서 바라보는 것을 의미한다. '주관적 몰입'은 내가 원하는 생각에 깊이 빠지는 것이다. 정반대인 두 개념을 잘 활용할 수 있다면 우리의 삶을 이끌어나가는 역량은 크게 증대된다. 만약 당신이 가난과 스트레스에서 벗어나 살고 싶다면 이번 훈련을 통해 큰 도움을 얻을 수 있을 것이다.

부정적 상황에서 벗어나기

불편하고 힘들고 스트레스를 받는 상황에서 긍정적인 생각을 하는 것은 성공에 도움이 될까? 아무리 긍정적 생각을 해도 현실에서 지속적으로 부정적 상황에 노출되어있으면, 뇌는 '고통을 참아내며 긍정적 생각을 하는 뇌'가 될 뿐이다. '부자의 뇌'를 만들기 위해선 우선 부정적 상황에서 완벽히 벗어나야 한다.

아래 나열된 문장 중 부정적 상황에서 벗어날 수 있는 말은 무엇인가?

① 어렵고 힘든 가운데 누구 하나 도와주는 사람이 없지만 열심히 살다보면 언젠가 기회가 올 것이다.

② 나는 잘하는 것도 없고 타고난 것도 없어서 남들보다 열심히 한다.

③ 이런 상황 속에서는 아무것도 하고 싶지 않아.

④ 나는 1,000억 원을 벌었다.

나는 10년 이상 자기계발 강사로 살아오면서 수많은 수강생들을 만났다. 그들 중 대부분은 ①, ②와 같이 생각하는 사람들이었다. 그들은 아무리 희생하고 열심히 살아도 잠깐 형편이 좀 나아질 때가 있었을 뿐 인생을 바꾸지는 못했다.

나 또한 과거에는 ①과 같이 생각하는 사람이었다. 돈도 빽도 없었기에 최선을 다해서 살아야만 했다. 그래도 언젠가 기회가 나타나기를 믿으며 살아왔다.

마침내 방송에 출연하고 비싼 강의료를 받으며 두 권의 책을 쓴 강사가 되기도 했다. 그렇지만 여전히 불안정한 삶이었다. 지쳐서 쉬거나 일정 기간 강의를 하지 않으면 통장의 빚은 어김없이 불어났다.

③과 같이 생각하는 사람은 애초에 자기계발 강의 장소에서 만날 일이 별로 없다. 그러나 여기서 불편한 진실을 하나 이야기하겠다. 사실 ①, ②와 같이 생각하는 사람들의 삶이나 ③과 같이 생각하는 사람들의 삶은 거기서 거기다. 항상 자신은 현재의 상황을 극복할 수 있다고 긍정적 암시를 거는 사람과 뭔가를 바꾸려는 의지 없이 하루하루 살아가는 사람, 둘 다 삶이 변하지 않기는 마찬가지라는 것이다.

주변을 둘러보자. 사는 대로 사는 사람과 자기계발에 빠져 열심히 책을 읽고 강의를 따라다니는 사람 간에 차이가 느껴지는가? 시간이 지나면 자기계발에 빠져있던 사람은 어딘가 정신적으로 불안정해 보이기도 한다. 왜 그럴까? 둘 다 똑같이 부정적 상황에서 벗어나지 못하고 있기 때문이다.

반면 ④와 같이 생각하는 사람은 어떨까? '나는 1,000억 원을 벌었다'는 말은 현실 상황과 아무런 관련이 없는 내용이다. ①, ②, ③과 비교해보면 엉뚱한 소리를 하고 있다는 인상을 주기도 한다. 실제로 '나는 1,000억 원을 벌었다'와 같이 현실과 동떨어진 목표를 추구하고 있으면 뇌는 현실에서 벗어나기 시작한다. 자신의 현재 처지는 전혀 신경 쓰지 않은 채, 자신이 이루고 싶은 목표에 대해서만 생각하는 것이다. 이른바 '주관적 몰입'이다.

동시에 자신의 삶을 남의 일인 양 바라보는 '객관적 관조'의 자세를 갖게 된다. 물론 생계유지를 위해 몸은 현재 생활에 충실하겠지만, 뇌는 마치 다른 곳에 가있는 것처럼 현실의 상황에 집중하지 않는다. 부정적 상황에서 완벽히 벗어난 상태가 되는 것이다.

예를 들어 직장에서 상사가 당신에게 스트레스를 준다면 어떡해야 할까? 그때에도 답은 동일하다. '나는 1,000억 원을 벌었다'와 같이 비현실적 목표를 추구하며 그 상황에서 나의 뇌를 탈출시켜야 한다.

그렇게 '1,000억 원을 벌었다'라는 생각에만 몰입하다보면 자연스럽게 발상의 전환이 이뤄진다. '확 이 회사를 사버릴까?' 혹은 '나는 이미 이 회사의 주인인데, 지금은 직원 역할을 해보고 있어'라는 생각이 떠오른다. 그러면 원래 느끼던 불편함에서 벗어나 내가 경험하는 모든 일에 위기감이 느껴지지 않게 된다.

이처럼 우선은 부정적 현실에서 벗어나야 나의 현실을 바꾸기 위한 도전에 제대로 나서볼 수 있다. 나의 뇌가 가진 모든 능력을 허튼 데 사용하지 않고 집중할 수 있게 되는 것이다.

부정적인 생각에서 벗어나기 위해 발버둥 칠 필요 없다. 현실의 고통을 참아내기 위해 억지 긍정을 부리는 것은 오답이다. 당신이 성공하기 위해서는 우선 현실을 잊어버리고 원하는 생각을 해야 한다.

'나는 1,000억 원을 벌었다. 그래, 나에게 1,000억 원이 있다면 지금 어떻게 할까?'

이 생각을 반복하면 자연스럽게 자신의 현실에서 벗어나 원하는 삶에 몰입하게 된다. 원하는 생각에만 몰입하자. 그리고 그 외에 모든 삶을 객관적으로 관조하자.

7-6

당신의 사고를
묶어두는 앵커링

배가 어딘가에 정박할 때 닻을 내리는 것을 앵커링Anchoring이라고 한다. 아무리 크고 거대한 선박도 앵커링이 되어있으면 항해가 불가능한데, 이러한 특징에서 비롯된 심리학 용어로 '앵커링 효과'가 있다. 주로 사람이나 상품에 매겨진 첫인상이 이후의 판단에 지속해서 영향을 미치는 것을 가리킨다.

이러한 앵커링 효과는 성공을 관장하는 뇌 영역에서도 일어난다. 우리의 무의식에 성공을 막는 앵커링이 걸려있으면 아무리 열심히 살아도 삶이 항상 제자리일 수밖에 없다. 결국 시간이 지날수록 인생만 고되어져간다. 마치 닻을 내려놓고 엔진을 풀가동시키면 배의 엔진이 과열되어 고장나는 것처럼 말이다.

감각 기억으로 이뤄지는 앵커링

앵커링은 우리의 무의식에 영향을 주는 과거의 경험이다. 그렇기에 시각, 청각, 후각, 미각, 촉각 중 하나로 느낀 '감각 기억'의 형태로 존재한다.

오감별로 앵커링을 구분하면 다음과 같다.

- 시각적 앵커링 : 이미지를 봄으로써 무의식적 기억에 자리 잡은 것.

  예) 사진을 보면 그 당시 경험했던 일들과 느꼈던 감정들이 떠오른다.

- 청각적 앵커링 : 소리를 들음으로써 무의식적 기억에 자리 잡은 것.

  예) 옛 노래를 들으면 그 당시 만났던 사람과의 추억이 떠오른다.

- 후각적 앵커링 : 냄새를 맡음으로써 무의식적 기억에 자리 잡은 것.

  예) 소똥 냄새를 맡으면 소를 키우던 시골 할머니네 집이 떠오른다.

- 미각적 앵커링 : 특정한 맛을 통해 무의식적 기억에 자리 잡은 것.

예) 맛있는 된장찌개를 먹으면 어머니의 손맛이 그리워
진다.

• 촉각적 앵커링 : 피부로 느껴진 감각을 통해 무의식적
기억에 자리 잡은 것.

예) 축구공을 차면 학창시절이 떠오른다.

이처럼 과거에 느낀 감각 기억과 동일한 오감 정보가 뇌에
들어오면, 우리의 무의식은 과거의 기억을 기준으로 현재 상
황에 대한 판단을 내리거나 사고한다.

성공을 방해하는 앵커링의 사례는 너무나 많다. '돈 버는
것은 힘든 일이야', '남의 돈을 받아오는 것은 원래 어려운 거
야'라는 얘기를 들은 청각 기억이 무의식에 깊게 자리 잡은
사람은 주변 사람이 '여기 돈 벌 수 있는 기회가 있어'라고 말
해줘도 이를 거절하고 어렵게 버는 길만 찾아간다.

당신은 삶이 너무 힘들어 쉬기 위해 여행을 갔다. 여행하
는 내내 멋진 풍경을 사진으로 찍으며 힘을 얻었다. 하지만
여행이 끝난 후 당신의 삶은 다시 빠르게 끔찍해진다. 여행
때 찍은 사진의 이미지와 여행하는 내내 일상의 삶을 끔찍하
다고 여긴 기억이 앵커링되었기 때문이다.

성공을 위한 앵커링 훈련

삶이 정말 풍요로워지길 바란다면, 성공하는 삶을 살고 싶다면 원하지 않는 삶에 박혀있는 앵커링을 거두고 원하는 삶에 앵커링을 걸어야 한다. 부정적인 앵커링을 풀고 긍정적인 앵커링을 거는 것이다.

다음의 다섯 가지 앵커링 훈련을 수시로 실천해보자. 자신이 가장 편안한 방법으로 훈련하면 된다.

- 시각적 앵커링 훈련 : 성공했을 때 자신의 모습을 떠올려보고 비전보드를 만들어놓자. 비전보드란 내가 성공했을 때 보게 될 이미지, 나의 모습을 한눈에 볼 수 있게 모아둔 것이다. 물질적으로 원하는 목표가 있다면 그걸 얻었을 때의 이미지를 만들어보고, 없다면 1,000억 원을 벌었을 때 통장의 이미지를 만들어보라. 좋은 집, 좋은 차, 좋은 풍경, 많은 사람들이 자신을 바라보는 모습 어떤 것이든 좋다. 비전보드를 만들고 자주 보면서 성공했을 때의 느낌을 떠올려보자.
- 청각적 앵커링 훈련 : 성공했을 때 나는 어떠한 이야기를 듣게 될지 그리고 어떤 말을 하고 있을 것인지를 상

상해보라. 그 말들을 눈에 보이는 곳에 적어두고 수시로 읽으며 성공했을 때의 느낌을 떠올려보자.

- 후각적 앵커링 훈련 : 성공한 삶을 살아갈 때 자신이 사용하고 있을 향수 냄새를 사용해볼 수 있다. 그것을 성공의 향이라 믿고 사용하는 것이다. 스킨로션일 수도 있고 샴푸가 될 수도 있고 디퓨저가 될 수도 있다. 향을 맡으며 자신의 성공을 느껴보자.

- 미각적 앵커링 훈련 : 음식을 먹을 때마다 성공하고 먹는 음식이라고 생각하면서 먹으면, 무엇인가를 먹을 때마다 성공한 삶에 대해 떠올릴 수 있다.

- 촉각적 앵커링 훈련 : 엄지손톱으로 검지를 꾹 누르며 원하는 목표를 이루었다고 말해보자. 계속해서 하다보면 엄지로 검지를 누르는 습관이 생기고, 누를 때마다 목표가 이루어진 생각이 떠오르게 된다.

다섯 가지를 모두 활용해도 좋지만 일부만 활용해도 좋다. 사람마다 특별히 발달한 감각이 있다. 성공이 수월하게 연상되는 한 가지가 지금껏 살아오면서 가장 활성화된 감각일 것이다. 그 감각을 통한 앵커링이 견고해질수록 원하는 목표에 빠르게 가까워질 수 있다.

tvN에서 방영되는 예능 프로그램 「장사천재 백사장」에는 백종원 대표가 상권을 돌아다니며 북적이는 사람들을 보고 미소를 지으며 이렇게 말하는 장면이 나온다.

"이게 다 돈이여~."

분명 어떤 이들은 북적이는 사람들을 보고 '사람 진짜 징글징글하게 많다' 또는 '저기에 뭐 좋은 게 있나?' 같은 반응을 보일 것이다. 하지만 백종원 대표는 많은 사람들을 돈으로 본 것이다. 그에게는 '많은 사람을 볼 때마다 돈을 버는 기억을 떠올리는 시각적 앵커링'이 걸려있기 때문이다.

이처럼 부자의 뇌를 지닌 사람들은 특정 감각 기억과 돈 버는 경험이 앵커링되어있는 경우가 많다. 당신은 어느 쪽인가? 인파 속에서 돈 버는 기회를 찾는가, 아니면 그들을 보고 불평을 내뱉는가? 성공에 대한 앵커링이 되어있는 사람은 꿈을 이룬 자기 자신과 함께 사는 것과 같다. 이미 성공한 나 자신과 함께 있다면 일상에서 성공을 보게 되는 일들이 자주 일어난다.

가난의 앵커링에서 벗어나라

어린 앨버트는 강아지, 토끼, 쥐 등 동물을 좋아했는데, 특히 쥐를 가장 좋아했다. 그런데 앨버트는 한 가지 심리 실험을 거친 뒤 쥐를 포함한 모든 동물들을 상당히 무서워하게 됐다. 무슨 일이 있었던 걸까?

미국의 심리학자 존 브로더스 왓슨John Broadus Watson은 생후 9개월 된 아기 앨버트가 좋아하는 동물들과 놀 때 갑작스레 쇠막대기와 망치를 부딪쳐 깡! 깡! 큰 소리를 내 아이를 놀라게 했다. 앨버트는 그 소리에 놀라 울음을 터뜨렸다.

실험을 반복하자 앨버트는 '동물들과 있을 때에는 큰 소리에 놀랄지도 모른다'라는 두려움이 청각적 앵커링으로 자리잡았다. 동물들이 소리를 낸 것은 아니지만 동물들과 있으면 두렵다고 뇌에 프로그래밍된 것이다. 이처럼 인간은 특정한 조건이 성립되는 경험을 반복적으로 하면 뇌에 강력하게 프로그래밍된다.

이와 비슷한 실험이 '파블로프의 개 실험'이다. 개가 밥을 먹을 때마다 종을 치면 밥이 없을 때 종을 쳐도 개는 침을 흘린다.

또다른 비슷한 예로 '밧줄에 묶인 코끼리 실험'이 있다. 커다란 코끼리가 다리에 얇은 밧줄이 메어져 나무에 묶여있다. 코끼리는 나무도 쓰러뜨릴 정도의 힘이 있지만, 밧줄을 끊을 생각을 하지는 않는다. 그 이유는 힘이 없던 어릴 적부터 그 밧줄에 묶여있었기 때문이다. 그때부터 밧줄을 끊을 수 없다고 믿어온 코끼리는, 커서도 밧줄을 끊을 수 없다고 촉각적 앵커링이 걸려있게 된 것이다.

사람도 이와 비슷하게 프로그래밍될 수 있다. '고생해야 가치로운 삶'이라고 앵커링된 사람들은 일이 잘 안 풀릴 때면, 일이 잘 풀리게 할 방법은 찾지 않고, 그저 열심히 하는 것에서 위안을 얻는다.

이들은 때때로 일이 잘 풀려 삶이 고생스럽지 않아지면, 무의식적으로 자신이 잘못하고 있는 중이라고 생삭해 원래대로 삶이 어려워질 방법을 찾는다. 잘못된 앵커링으로 인해 이들의 인생은 계속해서 힘들어질 수밖에 없다.

이들 또한 자신이 알고 있는 방법, 사람들이 알려준 방법을 이용해 충분히 잘살게 될 수 있다. 그럼에도 불구하고 '고생해야 가치로운 삶'이라고 앵커링된 뇌 때문에 현재의 삶에서 벗어나질 못한다. 그러고는 너무나도 지쳐버린 나머지, '내려놓음'이라며 힘든 삶에 만족한 척을 한 채 살게 된다.

만약 코끼리가 생각을 통해 자신에게 걸린 앵커링을 풀어냈다면, 밧줄만 끊어내는 것이 아니라 그 밧줄을 묶어놓은 나무도 뿌리째 뽑아버릴 수 있었을 것이다.

이처럼 우리는 생각을 통해 우리에게 걸린 가난의 앵커링을 풀어낼 수 있다. 원하는 생각 속에 살며 생각만으로도 얼마든지 성공할 수 있음을 믿으면, 놀랍게도 성공할 수 있는 눈과 귀 그리고 감각을 가지게 된다.

당신의 뇌를 성공자의 모습으로 새롭게 앵커링하자. 당신의 무한한 능력을 활용할 수만 있다면 사람들에게 큰 가치를 제공하는 성공자의 삶을 살아갈 수 있다. 또 그때의 행복을 느낄 수 있고 가족들과 풍요로운 시간을 즐길 수 있다.

부의 역설

초판 1쇄 발행 · 2024년   7월 25일
초판 8쇄 발행 · 2025년   2월 14일

지은이 · 강범구
펴낸이 · 이종문(李從聞)
펴낸곳 · 국일미디어

등   록 · 제406-2005-000025호
주   소 · 경기도 파주시 광인사길 121 파주출판문화정보산업단지(문발동)
사무소 · 서울시 중구 장충단로8가길 2(장충동1가, 2층)

영업부 · Tel 02)2237-4523 | Fax 02)2237-4524
편집부 · Tel 02)2253-5291 | Fax 02)2253-5297
평생전화번호 · 0502-237-9101~3

홈페이지 · www.ekugil.com
블 로 그 · blog.naver.com/kugilmedia
페이스북 · www.facebook.com/kugilmedia
E - mail · kugil@ekugil.com

ISBN 978-89-7425-919-8 (03320)